MAINZER STADTSPAZIERGÄNGE

Mombach und Gonsenheim

Die Mainzer Stadtspaziergänge von Michael Bermeitinger erschienen zuerst unter dem Titel ‚Stadtspaziergänge' in der Allgemeinen Zeitung Mainz.

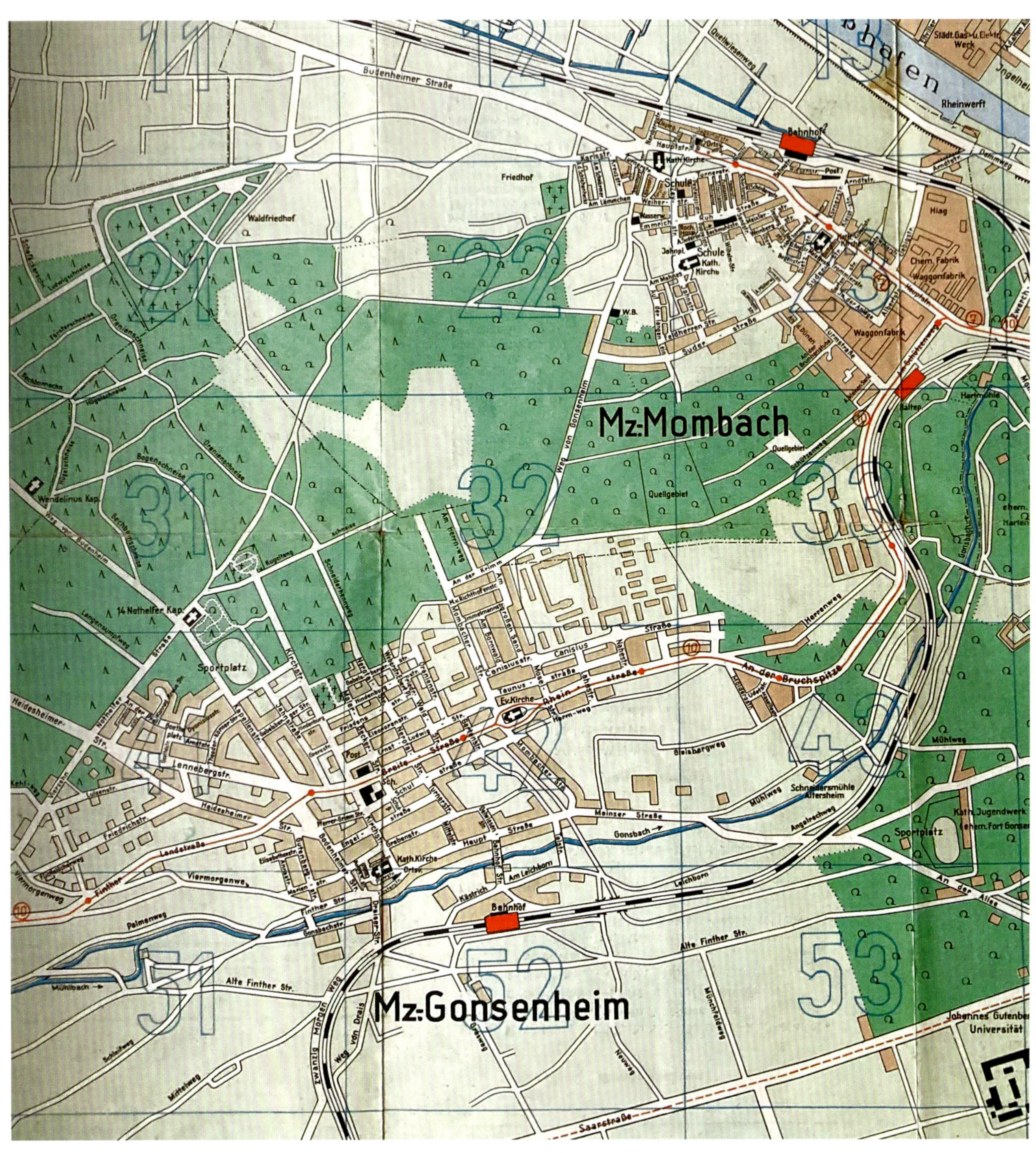

Ausschnitt des Mainzer Stadtplans von 1949 mit den Stadtteilen Mombach und Gonsenheim, die dieser Band behandelt. Heute sind sie längst miteinander verwachsen.

MAINZER STADTSPAZIERGÄNGE

Michael Bermeitinger

Mombach und Gonsenheim

BAND 10

EDITION-TZ.DE

Layout: Roland Eggers, EDITION-TZ.DE

Fotos:
Sammlung Michael Bermeitinger: 6, 7, 8 (2), 9, 10 (u.), 11 (2), 12, 13 (2), 14, 15, 17 (o.), 18, 19 (2), 20 (o.), 21, 22 (r.), 23 (3), 24 (Lindenberger Luftbild), 25 (Johann Hinkel), 25 (u.r./u.l.), 26 (o.), 27 (o., Johann Hinkel), 27 (u., Harald Neise), 28, 30 (Lindenberger Luftbild), 31 (2), 32 (2), 33, 34, 35 (Martin Nolde), 36, 37 (u.), 40 (Johann Hinkel), 41 (o., Johann Hinkel), 42, 43 (3), 44 (Heinz Heinicke), 45, 46, 47 (2), 48, 49 (2), 50, 51 (3), 52 (2), 53 (3), 55 (2), 57, 58, 60, 61, 62 (2), 63 (2), 64 (o.), 65, 66, 67 (2), 68, 69 (3), 70 (3), 71, 72, 73 (2), 74 (3), 75, 76 (3), 78, 79 (o., Klaus Pippert), 79 (u.), 89 (Klaus Pippert), 81 (2, Klaus Pippert), 83 (o., Klaus Pippert), 83 (u., Klaus Benz), 84, 85 (2), 86 (u., Klaus Pippert), 87 (o.), 87 (u., Klaus Pippert), 88 (2, Klaus Pippert), 89 (2, Klaus Pippert), 90, 91 (2), 92 (2), 93, 94 (2), 95, 96, 97 (2), 99 (2), 100 (o., Johann Hinkel), 100 (u.), 101 (3), 102, 103 (2), 104 (2), 105 (2), 106 (o.), 108, 109, 110 (2), 111, 112 (u.r.), 113 (2), 114, 115 (o.), 116 (2), 117, 118 (2), 120, 121 (u.), 122, 123 (3), 124 (o.), 124 (u., Harald Neise), 125, 126, 127 (2), 128 (2), 129, 131, 132, 133 (2), 134 (2), 135 (2), 136 (2), 137, 139, 140 (3), 141 (2), 145, 146, 147 (2), 148, 149 (2), 150 (2), 151 2); Sammlung Günter Beck: 29, 98, 106 (u.), 107; Familie Bonewitz: 121 (o.); Familie Dörr: 142 (u.), 143 (2), 144 (2); Sammlung Halbritter: 20 (u.); Peter Hartmüller: 77; Heimat- und Geschichtsverein Gonsenheim: 86 (o.), 139 (o.); Sammlung Dieter Müller: 10 (o.), 22 (l.), 26 (u.), 37 (o.), 38 (2); Harald Neise / Straßenbahnfreunde Mainz: 17 (u.); Dr. Josef Oehrlein: 111 (u.), 112 (o., u.l.); Sammlung Manfred Penning: 69 (o.r.), 115 (u.); Prefere Paraform: 54, 56 (2); Sammlung Klaus-Jürgen Reinheimer: 82 (3), 119 (3); Stadtarchiv Mainz: 39 (Hans Armster), 64 (u.), 130 (Klaus Benz), 138, 142 (o.), 145 (Hans Armster), VRM-Archiv: 16, 59 (2).

Druck:
TZ Verlag & Print GmbH, Roßdorf

EDITION-TZ.DE
Tel. 0 61 54 / 8 11 25
E-Mail: service@tz-verlag.de
www.edition-tz.de

ISBN 978-3-96031-044-0

Inhalt

Mombach vor 1910. Neben der Pappel (Belleboom) der Turm der später zerbombten Nikolauskirche.

217 Mombach 1

Maleten, Salat, Waggons und Chemie

Bohnebeitel, Malete, Schissmelle – wer diese Begriffe hört, denkt heute zuerst an die Mombacher Fastnacht. Eigentlich sind es aber Begriffe aus Zeiten, als man schon Industrieort, aber auch noch Dorf war. Denn als der Mombacher Carneval Verein 1886 gegründet wird, da trägt man tatsächlich noch die berühmten Mombacher Bohnen in „Bohnebeitel" aus Jute auf dem Kopf nach Hause, und im Gründungsjahr der Maletengarde 1953, da stehen noch 30000 Maleten-, also Aprikosenbäume, in der Gemarkung. Und Schissmelle? Unkraut, zäh, langlebig, nicht unterzukriegen.

Das passt zu Mombach, denn der Ort muss viele Veränderungen verkraften. Den sehr frühen Einzug der Industrie vor fast 180 Jahren, die explosionsartige Bevölkerungszunahme Ende des 19. Jahrhunderts, die Folgen des Zweiten Weltkriegs, den Niedergang der Landwirtschaft, ein neuerliches gewaltiges Wachstum, nur um peu a peu wieder viel Industrie zu verlieren. Mombach heute? Vielleicht kein Ort, der schon beim ersten Blick in jedem Winkel Charme versprüht, aber dafür hochinteressant. Schöne Ecken gibts allemal, aber die Zufahrtswege sind wenig einladend. Von der Rheinallee her gibts vorstädtische Gewerbegebiet-Tristesse und die Kreuzstraße zieht sich. An der Hauptstraße wartet zwar erst eine optische Durststrecke, aber es ist der spannendste Weg durch die Ortschronik. Angefangen mit der alten Waggonfabrik, markiert doch der Umzug der Kutschen- und Eisenbahnwagenfabrikation von der Mainzer Ludwigsstraße nach Mombach 1845 die Zeitenwende für den Ort. Nicht nur, dass Industrieanlagen entstehen, schon bald beginnt auch der Zuzug ins Bauerndorf.

Bis Ende des 19. Jahrhunderts wächst der Ort um fast das Sechsfache auf 4000 Einwohner, um sich dann binnen zehn Jahren nochmals zu verdoppeln. Nach dem Zweiten Weltkrieg gibt es nochmals einen Schub binnen 20 Jahren um 40 Prozent auf rund 12000, als Siedlungen und Neubaugebiete entstehen.

Die Waggonfabrik bleibt im 19. Jahrhundert nicht das einzige neue Unternehmen. Die Che-

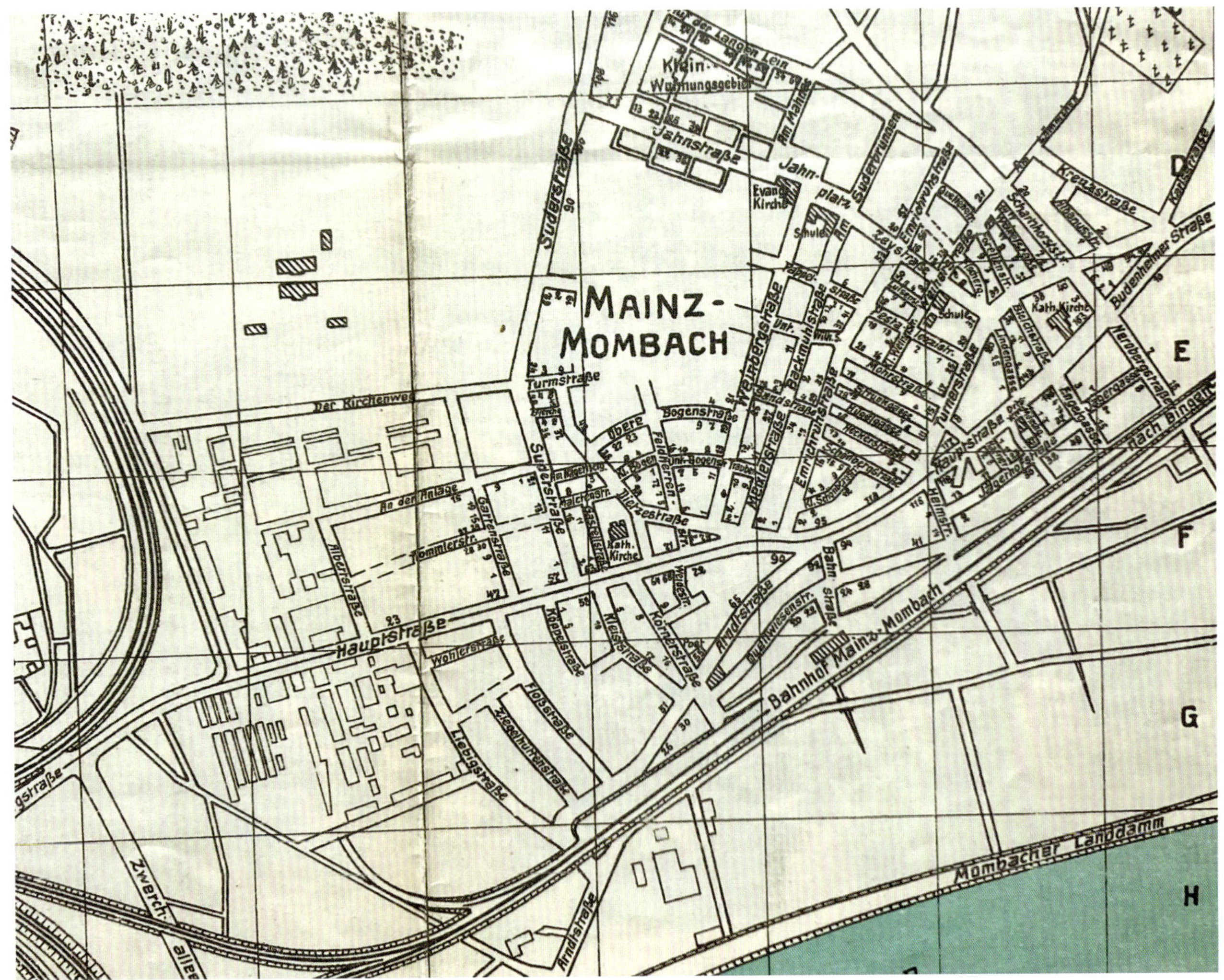

Stadtplan der späten 20er. Links der Bogen ist die Bahn nach Alzey, dann folgt die Waggonfabrik und die Turmstraße heißt noch Kirchenweg. Auf der langen Lein markiert die Bebauungsgrenze, rechts die Kreuzstraße ist ein bedeutungsloses Sträßchen.

mische Fabrik entsteht, die Maschinenfabrik und Kesselschmiede Schmahl, die Konservenfabriken Nägeli und Ley, die Kalkbrennerei Gottron, eine Lack- und Firnißfabrik oder die Kokos- und Manilamattenfabrik von Haas und Prikken.

Kein Wunder, dass Mainz Ende des 19. Jahrhunderts die Finger nach Mombach ausstreckt wie übrigens auch nach Kastel und Kostheim. Es geht um Flächen, um Vergrößerung, denn von den fünf größten Städten des Großherzogtums ist Mainz, die eingeschnürte Festungsstadt, die kleinste. Es geht um Entwicklungsgebiete, aber auch um Unternehmen und Steuern.

1899 und 1903 wird erfolglos verhandelt, und es heißt, die Mombacher säßen etwas auf dem hohen Ross, weil die Gemeindekasse durch die Industrie ordentlich gefüllt sei. Auch heißt es, dass die Mombacher Industriellen bei einer Eingemeindung steigende Löhne fürchten. Als aber 1904 Kaiser Wilhelm II. im März in Gibraltar die Kabinettsorder erlässt, „die Nordwestfront von Mainz vom unteren Rheinanschluss bis zum Mombacher Tore" aufzulassen, spricht man wieder miteinander. Schließlich unterzeichnen die Mombacher 1906 den Eingemeindungsvertrag, der aber weit weniger günstig ausfällt, als es 1903 der Fall gewesen wäre, wie selbst in Mombach geunkt wird.

Die schöne Lithographie-Ansichtskarte um 1900 zeigt das, was man damals auf einer Postkarte zeigen wollte: ein Ortspanorama, die Waggonfabrik als größtes Unternehmen und die Hauptstraße.

Der Ort heißt nun Mainz-Mombach und entsendet drei Stadtverordnete, aber die Mainzer Bauvorschriften dürfen nur angewendet werden, wenn der ländliche Charakter nicht gestört werde. Wichtigster Punkt: der Bau der Kanalisation. Doch die Angleichung an Mainzer Verhältnisse kennt auch Verlierer, denn die in Mombach gezahlte Armenunterstützung wird

Der erste von bis heute drei Mombacher Bahnhöfen um 1900. Die Lok stammt noch aus den 1860er Jahren.

Das 1903 eingeweihte und im Krieg zerstörte zweite Mombacher Bahnhofsgebäude.

an die weit niedrigere in Mainz angepasst. Ein Mädchen mit Kind erhält nur noch ein Viertel wie bisher – höchstens 1,50 Mark die Woche. Dennoch: Am 1. April 1907 wird Mombach Mainzer Stadtteil.

Die Entwicklung des Orts fußt auf Ansiedlung der Industrie, den entscheidenden Schub gibt aber 1859 die neue Bahnstrecke von Mainz nach Bingen, an der Mombach einen Bahnhof erhält. Es ist ein kleiner Landbahnhof, aber bald mit Anschlussgleisen, natürlich auch zur Waggonfabrik (ausführlich im Stadtspaziergang Folge 99). Und so kommt es, dass an der Station, an der sonst Bummelzüge der 3. und 4. Holzklasse halten, manchmal auch edle Gastell-Waggons stehen: Schlafwagen für die Reichseisenbahn Elsass-Lothringen, Buffetwagen für die Pfalzbahn oder mal ein Salonwagen für einen fremden Potentaten.

Der Bahnhof ist aber nicht nur wichtig für die Industrie, die so ihre Produkte besser, schneller und günstiger zum Kunden bringen kann, sondern vor allem auch für die Landwirtschaft. Wobei dieser Begriff fast schon ein bisschen profan klingt, gemessen an den Huldigungen, die man dem Ort im 19. Jahrhundert entgegenbringt, der „gleichsam in einem einzigen Obstgarten" gelegen sei. Natürlich sind die Maleten berühmt, die Sorte „Mombacher Frühe" bis heute, und noch im 18. Jahrhundert gibt es über 120 Morgen Weinberge am Großen Sand. Vor allem aber ist das Gemüse berühmt – Salat, Bohnen und lange der Spargel, der 1857 erstmals angebaut wird. Von Ziegeleibesitzer Gottron.

Der Salat „Mombacher Winter" ist lange weit verbreitet, gilt heute aber als alte Sorte. Und noch ein Gemüse trägt den Namen des Orts weit über unsere Gegend hinaus: „Mombacher Speck", eine Bohnen-Sorte. Wie bedeutend der Gemüsehandel ist, erklärt eine Notiz aus dem „Mainzer Anzeiger" vom Mai 1938: „Täg-

Ein Lkw der Firma Veit Freber beladen mit Körben voller Salatköpfe im Mombacher Ortskern.

lich verlassen 30 Waggons den Bahnhof, um alle Teile des Reiches mit Mombacher Salat zu versorgen."

Die Formulierung „in alle Teile des Reiches" ist dabei keine Übertreibung, denn die Reichsbahn hat damals nicht nur ein Netz schnellster

Reichsbahn-Prospekt von 1938 für den Obst-Gemüse-Eiltransport mit Abfahrt (rot) und Ankunft (blau).

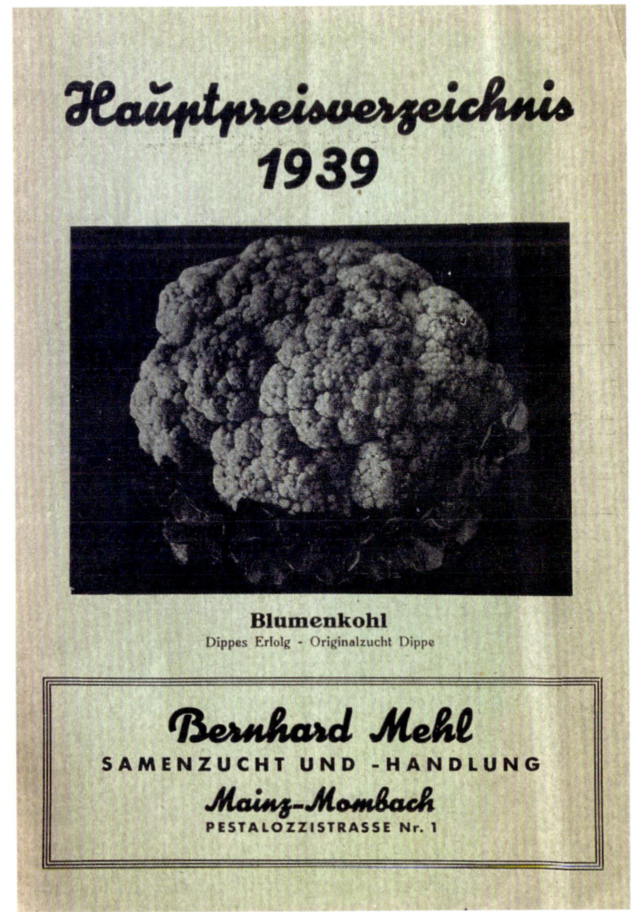

Preisverzeichnis der Mombacher Samenzucht Mehl mit dem Bild eines Blumenkohl, Originalzucht Dippe. Das Foto stammt auch aus dem Prospekt, ein Mädchen mit „Mombacher Speck".

Reiseverbindungen, die sogenannten „Fliegenden Züge". Mit dem Spruch „Schnellgüterzüge für Frühobst und Frühgemüse fahren mit dem D-Zug um die Wette" wirbt die Bahn 1938 für ihren „Obstexpress", der Fracht aus den Hauptanbaugebieten Baden, Pfalz, Rheinhessen und Rheinland in unter zwölf Stunden nach Berlin bringt. Bis zum frühen Nachmittag kann in Mombach geerntet werden, dann wird verladen, in Mainz fährt der Express mit Kühlwaggons um 15.48 Uhr ab und ist um 3.38 Uhr morgens in Berlin. Mit Anschlusszügen kann das Mombacher Gemüse mittags um Eins in Breslau in Schlesien und abends um Zehn im fernen ostpreußischen Tilsit an der Memel sein. Alles lange her. Der große Mombacher Heinz Schier schreibt 2003 in seinem Buch „Mombach im Wandel der Zeit" in einer Art Abgesang auf die Bauern: „Sie können über keine Bahnübergänge an Nerobergstraße und Haferackerweg mehr ihre Felder erreichen, auch nicht mehr durch die Bahnunterführung an der Heimstraße zu ihren Äckern an Quellwiese, Sauerwiese und Lauerdamm gelangen. Das einst so fruchtbare Wiesenfeld ist verfüllt für gewerbliche Nutzung ... keine Maletebeem, der Stolz des alten Mombachs, wachsen mehr am Polygon."

Die im wahrsten Sinne des Wortes Blütezeit der Mombacher Landwirtschaft ist die Zeit bis zum Ersten Weltkrieg, bevor der Ort langsam beginnt, sich Straße um Straße auszudehnen und über die Jahrzehnte Feld um Feld verschwindet. Aber wenigstens sind Begriffe wie „Bohnebeitel", „Malete" und „Schissmelle" noch gegenwärtig.

Ortseingang Mombach mit den Fahrleitungsmasten der Straßenbahn, links die Waggonfabrik.

218 Mombach 2

Von Hauptstraße, Millionenbau und der Straßenbahn

Als Heinz Schier vor etwa 20 Jahren in seinem Buch „Mombach im Wandel der Zeit" historische und aktuelle Bilder gegenüberstellt, sind auch zwei Fotos von der Hauptstraße an der Waggonfabrik dabei. Das Foto von 1913 zeigt die Straße gesäumt von Bretterzäunen, Gebäuden und Schuppen, und auch die 2000er-Ansicht zeigt sich wenig attraktiv. Schier schreibt dazu: „Mombach ein gefälligeres Entree zu geben, ist auch heute noch eine heiß diskutierte Frage." Und daran hat sich bis heute nichts geändert.

Der Weg nach Mombach hinein, egal aus welcher Richtung, führt durch die verschiedenen Epochen der Erweiterung. Kommt man etwa von Gonsenheim über die noch keine sechs Jahrzehnte alte durchgehende Kreuzstraße, durchfährt man die 60er und 70er-Jahre. Nimmt man die Turmstraße, passiert man linker Hand eine Nachkriegssiedlung Ende der 40er, während sich an der Hauptstraße nach der Waggonfabrik der Wohnhausbau aus Kaisers und Weimarer Zeiten findet. Folgt man diesem Straßenzug weiter, geht es an Werkswohnungen des 19. Jahrhunderts vorbei, bevor man im alten Ortskern vor bäuerlichen Bauten aus dem späten Barock steht. Eine Straße wie ein Zeitstrahl.

Diese Dreiflügelanlage, die an der Hauptstraße nach Einmündung der Liebigstraße steht, ist typisch für die späten Weimarer Jahre, bietet helle Wohnungen, Bäder in der Wohnung und Grün ums Haus.

Dabei geht manches im Krieg verloren, anderes übersteht die Aufbaujahre nicht und wieder andere Gebäude sind bis zur Unkenntlichkeit überformt. Aber spannend ist es auf jeden Fall. Gleich zu Beginn der Hauptstraße steht zwischen Liebig- und Floßstraße, Haupt- und Wöhlerstraße eine Dreiflügelanlage, die typisch ist für die späten Weimarer Jahre. Ähnliche Bauten entstanden damals auch in der Nähe des Gautors an der Bastion Martin oder etwas grö-

Diese Mehrbildkarte aus Mombach zeigt ausschließlich Ansichten der Hauptstraße natürlich mit Bildern der Straßenbahn, die dem Ort etwas städtisches Flair verleiht.

Die Hauptstraße um 1910 mit den zierlichen, geschwungenen Fahrleitungsmasten der frühen Jahre.

ßer an der Sömmerringstraße in der Neustadt. Bauherren solcher Anlagen sind die Stadt oder die Gesellschaft mbH für Kleinwohnungen, die heutige Wohnbau, um der Wohnungsnot der unteren Schichten entgegenzuwirken. Vor allem sollen die Wohnbedingungen verbessert werden: durch Grün um die Häuser, durch eine offene Bauweise für mehr Licht und Luft, vor allem aber durch sanitäre Einrichtungen in den Wohnungen. Ansonsten bleibt bis dahin nur der Gang zum öffentlichen Volksbad, das in Mombach in der Pestalozzischule ist.

Schon früh gilt die Bautätigkeit in Mombach der wachsenden Arbeiterschaft, vor allem im östlichen Ortsteil. In der Hauptstraße/Ecke Köppelstraße stehen Doppelwohnhäuser, die Architekt Franz Philipp Gill im Auftrag der Waggonfabrik der Gebrüder Gastell erbaut. Er ist ein begehrter Baumeister, zeichnet verantwortlich für die Gastell-Gebäude an Schützenweg und Turmstraße, den Frontbau des Frankfurter Hofs in der Altstadt oder für Villen in Gonsenheim.

Arbeitermietshäuser gibt es auch an der Albert-Knoll-Straße, früher Gartenstraße, an der Dietzstraße und auch die Bewohnerschaft des Blocks an Liebig-/Wöhler-/Floß-/Hauptstraße zählt zu ähnlichen Sozialgruppen. Im Adressbuch 1934 finden sich hier Bäcker, Schneider, Kassierer, Handlungsgehilfen, Lackierer und ein Chauffeur. Im Krieg halbwegs verschont, wird er beim Einmarsch der Amerikaner 1945 requiriert.

Die soziale Gliederung bleibt lange erhalten. So schreibt Günter Ludwig 1966 in seiner Dissertation „Entwicklung und Struktur der Mainzer Vororte Mombach und Weisenau – Ein stadthistorischer Vergleich", dass in Mombach östlich Feldherren-/Dietzestraße 84 Prozent der Bewohner den Sozialgruppen I und II angehören, also von Ungelernten und Hilfsarbeitern bis zu Angestellten und Beamten im unteren Dienst, Handwerkern und Facharbeitern. Doch gegenüber dem Wohnblock vom Beginn der 30er-Jahre, ragt, als erstes Wohnhaus links der Hauptstraße, an der Ecke zur Albert-Knoll-Straße, der pure Gegensatz empor – der „Millionenbau". Es ist ein hoch aufragendes Bürgerhaus, das auch in einer besseren Ecke der Neustadt stehen könnte, aber der Spitzname leitet sich nicht von der Pracht ab,

Der formenreiche „Millionenbau" von 1905 und die 1961 errichtete Eintrachthalle an der Albert-Knoll-(damals Garten)-Straße.

denn vielmehr von den hohen Kosten, die vor allem das Fundament verursacht haben soll. Das Gebäude von 1905 zeigt alle Ingredienzen wilhelminischer Prachtentfaltung: aufwändige Fassadengliederung in Sandstein, Klinker und Fachwerk, hohes Mansarddach, begiebelter Kastenerker und ein Erkerturm mit hoher Zwiebelhaube.

Wer von der äußeren Form ableitet, die Bewohner seien mindestens mittlere Beamte, der täuscht sich. Die Bewohner sind Schreiner, Schlosser, Sattler und Arbeiter, die mit dem Eigentümer, Zimmermeister und Bauunternehmer Valentin Braunbeck II, unter einem Dach leben. Vielleicht hat er das Haus als Auftakt zu einem städtischen Entree gedacht, doch an der Hauptstraße bleibt es ein Solitair. Dafür dient es als Kopfbau einer Mietshauszeile in der Albert-Knoll-(damals Garten)-Straße, unterbrochen nur durch die Einmündung der kurzen Trommlerstraße, in der nur vier Häuser stehen.

Das rechte Eckhaus dort, die Trommlerstraße Nr. 29, ist das Elternhaus des unvergessenen SPD-Politikers und Mainzer Ehrenbürgers Paul Distelhut (1914-2002). Die Familie ist sozialdemokratisch durch und durch, und Paul, der Schriftsetzer, später Eisenbahner, wird 1948 Vorsitzender der SPD in Mombach, sitzt von 1952 bis 1979 im Mainzer Stadtrat und ist dort ab 1965 zwölf Jahre Fraktionschef. 1991 folgt ihm Tochter Ursel, Mombacher Ortsvorsteherin, im Amt nach, sie stirbt aber bereits 1995. Beide sind unvergessen.

Die Distelhuts ziehen Anfang der 20er in die neuen Arbeiterhäuser der Gemeinnützigen Baugenossenschaft Mainz-Mombach in der Jahnstraße, heute Am Mahnes. Erbaut werden sie vom Mombacher Bildhauer und Bauunternehmer Franz Vlasdeck, aber zu ihm gibt es in einer der nächsten Folgen mehr zu lesen.

Zurück zur Hauptstraße, genauer gesagt nur auf die andere Ecke der Knoll-Straße, zur Eintracht-

Der große Mombacher SPD-Politiker Paul Distelhut in den 70ern mit dem damaligen OB Jockel Fuchs.

halle. Seit dem frühen 19. Jahrhundert befindet sich dort ein Ausflugslokal, damals weit vorm Ort, das die Turngesellschaft 1925 erwirbt. Sie zahlt 20000 Goldmark für Wohnhaus, Gaststätte mit Biergarten, Saal und Kegelbahn. Die Halle wird im Krieg zerstört und erst 1958 beginnt der Neubau. Ein Kraftakt in jeglicher Hinsicht: finanziell, denn die Halle kostet 350000 DM, aber auch im wahrsten Sinne des Wortes, weil 140000 DM an Eigenleistung fällig sind. 1961 wird die Einweihung gefeiert.

Bleibt die städtische Bebauung in den Anfängen stecken, kommt in Mombach drei Jahre vor der Eingemeindung etwas Stadtgefühl auf. Denn im Juli 1904 geht die elektrische Straßenbahn in Betrieb. Fortan fährt die „Elektrisch" vom Gutenbergplatz via Schillerplatz-Hauptbahnhof-Schottstraße-Kaiserstraße-Boppstraße und Bismarckplatz nach Mombach.

Doch hat der Fortschritt seinen Preis. Für Hin- und Rückfahrt von Mombach in die Stadt sind 30 Pfennige fällig, zehn Prozent eines durchschnittlichen Tageslohns. „Daher ging die Arbeiterschaft zu Fuß oder benutzte die erheblich günstigere Staatsbahn ab Mombach oder Waggonfabrik", so der Mainzer Straßenbahnexperte Harald Neise. Erst 1913 beschließt der Stadtrat eine um 50 Prozent verbilligte Wochenkarte für niedrigere Einkommen.

Die Endstelle der Straßenbahn liegt zunächst am Brünnchen an der Ecke Turnerstraße. Erst nach dem Abräumen von Kriegsruinen und der Begradigung der Hauptstraße Richtung Ortsverwaltung, wird die Endstation dorthin verlegt. Aber in Zeiten, da es noch keine Rheinallee gibt und auch jeglicher Durchgangsverkehr mitten durch Mombach läuft, ist die Endstelle mitten auf der Straße – ohne Wendeschleife, sondern mit Umsetzen auf der Fahrbahn – ein Verkehrshindernis. Am 27. Oktober 1963 ist Schluss.

Wer weiß: Hätte es damals bereits die Rheinallee gegeben und nicht erst 1965, vielleicht wäre die Straßenbahn ja erhalten geblieben, könnte heute weiter bis Budenheim rollen. Aber der Zug ist wohl abgefahren.

Ansichtskarte mit zwei Fotos der Hauptstraße, die in entgegengesetzer Richtung aufgenommen wurden.

Gleich mehrere Straßenbahnzüge an der Endstelle, hinten die Ortsverwaltung.

Schöne Totale von Mombach wahrscheinlich vor 1910.

219 Mombach 3

Die Moderne kommt den Ort teuer

Wer heute eine Runde durch den alten Mombacher Ortskern dreht, erkennt trotz aller gravierenden Veränderungen, trotz aller gesichtslosen Überformungen manch alter Gebäude, immer noch den Charakter des Bauerndorfs. Straßenverläufe und einzelne Häuser verraten dies. Die Nr. 116, ein bäuerlicher Spätbarockbau aus dem späten 18. Jahrhundert mit Krüppelwalmdach und Fachwerkobergeschoss, ist ein schönes Beispiel, auch wenn heute alles verkleidet ist. In dem früheren bäuerlichen Wohngebäude lebt einst der bis zur Eingemeindung 1907 letzte Mombacher Bürgermeister und nachfolgende Ortvorsteher, Standesbeamte und Ortsgerichtsvorsteher Heinrich Freber, in den 60ern wird es dann Hotel.
Mit der Inbetriebnahme der Straßenbahn hat Mombach schon drei Jahre vor der Eingemeindung etwas städtische Atmosphäre erhalten. Und es gibt schon Beschlüsse für weitere Modernisierungsmaßnahmen: Mombach soll Gas und Wasserleitungen erhalten.
Seit ewigen Zeiten steht gegenüber dem Freberschen Haus, genau am Zwickel von Hauptstraße und einmündender Turnerstraße ein Laufbrunnen, der von der Suderquelle ge-

Die Hauptstraße 116 in den 70er-Jahren als Hotel, wie in jenen Jahren üblich ist die Fassade verkleidet.

Das 1905 eingeweihte Wasserwerk, das heute an der Kreuzstraße liegt.

speist wird. Sie entspringt am oberen Ende der Emrichruhstraße, ist über Jahrhunderte die wichtigste von mehreren Quellen im Ort und versorgt gleich mehrere Laufbrunnen an der Hauptstraße. Dort waschen die Landwirte ihr Gemüse, zudem liefert die Quelle auch Wasser für ihre Felder, weshalb es wenig wundert, dass sie von den Plänen einer modernen Wasserversorgung wenig begeistert sind. Denn das Wasser am Laufbrunnen kostet nichts. Aber im Juli 1905 geht Mombach ans Netz, werden die Laufbrunnen stillgelegt.

Das Wasser der Suderquelle, damals ist gar von „zwei mächtigen Quellen" die Rede, wird vom Pumphaus, dem heutigen Museum für Mombacher Ortsgeschichte, mittels eines 4-PS-Motors zum Wasserwerk gefördert. Das liegt die heutige Kreuzstraße hinauf etwa 350 Meter

Die Straßenbahn (hier 1954 als Linie 7 nach Kostheim) ist 1904 erster Meilenstein der Modernisierung, es folgen Wasser und Gas, dann wird die Müllabfuhr geregelt, und bis 1913 folgt die Kanalisation.

entfernt und verfügt über einen Hochbehälter, der mit seinen roh behauenen Steinquadern wie der Turm einer Burg wirkt. Bis auf die Front deckt ein zu den Seiten abfallender Erdwall das Reservoir, um eine gleichmäßige Temperatur zu erreichen.

Die erhöhte Lage sorgt im ganzen Ort für einen guten Leitungsdruck, doch Mombach spürt auch einen hohen Leidensdruck, denn der Wasserpreis ist einer der höchsten weit und breit. So wie auch schon die Straßenbahnpreise enorm hoch sind.

Ebenfalls 1905 geht das Gasnetz in Betrieb, wird die Müllabfuhr geregelt, und bis 1913 folgt die Kanalisation. Mombach wird modern.

Zurück zur Hauptstraße, die vom Ferberschen Haus Richtung Bürgermeisterei/Ortsverwaltung einst deutlich enger ist als heute. Genau in diesem Abschnitt erleidet das alte Mombach im Krieg die größten Verluste. Zunächst beim

Mombach wurde im Krieg teils schwer getroffen, hier die Waggonfabrik 1945.

Im „Goldenen Engel" finden die ersten Sitzungen des Mombacher Carneval Vereins „Die Bohnebeitel" von 1886 statt, im Krieg wird das Gasthaus zerstört und nicht wieder aufgebaut.

Angriff vom 12. auf den 13. August 1942, als St. Nikolaus ausbrennt, und auch beim Angriff vom 18. Dezember 1944.

Verglichen mit Mainz oder dem anderen Industriestadtteil Weisenau kommt Mombach im Krieg halbwegs glimpflich davon, zumindest, was die Wohngebäude angeht. Von den 1942 noch gezählten 961 Wohnhäusern werden 72, also 7,5 Prozent, zerstört oder sind so schwer beschädigt, dass ein Neuaufbau nötig ist. Bei anderen Gebäuden, wohl vor allem Industrieanlagen, liegt die Zerstörungsquote bei 25,5 Prozent. Von 2433 Wohnungen fallen 124, also 5,1 Prozent, den Bomben zum Opfer. Zum Vergleich: Mainz wird zu 80 Prozent zerstört.

Zu den vernichteten Gebäuden gehört auch der „Goldene Engel", ein Gasthaus, das weit in den Straßenraum ragt und die Hauptstraße, bis 1898 noch Kaiserstraße, in Höhe der Ortsverwaltung in eine scharfe Kurve zwingt. Nachdem die Ruine abgeräumt ist und auch andere, wird die Hauptstraße gerade gezogen und verbreitert.

Die Geschichte des „Goldenen Engel" wirkt bis heute nach, denn dort finden die ersten Sitzungen des Mombacher Carneval Vereins „Die Bohnebeitel" von 1886 statt, nun schon seit Jahrzehnten einer der großen Vertreter der Mainzer Stadtteil-Fastnacht. Beim „Goldenen Engel" bleibt es aber nicht, nächste Station des MCV ist die Wirtschaft „Zur Krimm" in der Jägerhofstraße, parallel zur Hauptstraße zur Bahn hin.

Es ist ein bekanntes Lokal, das im am 1. März 1909 die Autogramm-Audienz eines damals in ganz Deutschland und auch Europa bekannten Mannes erlebt. Der Schuster Wilhelm Voigt, der 1906 als Hauptmann von Köpenick deutsche Obrigkeitshörigkeit entlarvt und damit auch den Kaiser beeindruckt, geht nach der Haftentlassung Ende 1908 auf Autogramm-Tournee. Er kassiert vom Mombacher Wirt ein Tageshonorar von 100 Mark und verkauft auch noch Autogrammkarten. Der Wirt soll über Eintritt und Umsatz aber auf seine Kosten gekommen sein.

Nur eine Straßenbahnfahrt entfernt drückt damals Carl Zuckmayer die Schulbank des heutigen RaMa, der 1931 Voigt mit der Komödie „Der Hauptmann von Köpenick" ein Denkmal setzen wird.

Aber zurück zur Fastnacht, die sich bis zum Ersten Weltkrieg lebhaft, abwechslungsreich, aber auch unbeständig entwickelt. Günter Rüttiger, Heinz Schier und Heinz Koch zählen in ihrem wunderbaren Buch „Hundert Jahre Fassenacht in Mombach – 100 Jahre Mombacher Carneval Verein 1886-1986" nicht weniger als 15 verschiedene Zusammenschlüsse bis 1914 auf.

MAINZ

„Dess is er!"

H. H. — Einige alte Mainzer werden es uns bestätigen können: „Jawoll, dess is er!" Den anderen Lesern aber dürfen wir verraten, daß dieser martialisch aussehende Herr aus der Zeit des alten Kaiser Wilhelm niemand anderes ist als der echte „Hauptmann von Köpenick", der Schuhmacher Wilhelm Voigt also.

Es ist wohl hauptsächlich aus Anlaß des in Mainz nun schon in der fünften Woche laufenden Filmes bekanntgeworden, daß Kaiser Wilhelm II. den militärischen Schuster nach seiner berühmten „Köpenickiade" begnadigt und ihm sogar das Recht zugestanden hat, sich in der vom Trödler erstandenen Uniform zu zeigen und Postkarten zu verkaufen. Allerdings nur „in geschlossenen Räumen, nicht auf öffentlichen Straßen", wie es ausdrücklich in der erlauchten Akte hieß.

Und diese Vorstellungen hat der „Hauptmann von Köpenick" 1910 auch in Mainz und Mombach gegeben. Im „Weißen Roß", im „Kötherhof" und im „Goldenen Pflug" oder in Mombach auf der „Krimm" und in der früheren „Schönen Aussicht", wo heute die Nebenstelle der Städtischen Sparkasse ist. In dieser „Schönen Aussicht" hat jener Mombacher Geschäftsmann, der uns jetzt das Bild zur Verfügung gestellt hat, auch Wilhelm Voigt kennengelernt und mit ihm Freundschaft geschlossen. Was auch die Widmung auf der Rückseite des Bildes beweist, wo als persönliches Autogramm geschrieben steht: „Zugetan im Gedenken an Wilhelm Voigt".

In Mainz und Mombach hat der „Herr Hauptmann" also tatsächlich Postkarten verkauft und sich auch manchen geschenkten Halben munden lassen. Womit Mainz auch direkten Anteil an dieser herrlichen Episode hat.

AZ-Ausschnitt aus den 50ern, der an den Mombach-Besuch des Hauptmanns von Köpenick erinnert.

Das Weinhaus Peter Brodbecker in der Turnerstraße 1.

Erst 1925 geht es weiter, zwei Jahre später veranstaltet der Mombacher Carneval-Verein seine erste Sitzung im Lokal von Jakob Staab, bis ab 1931 die Halle des Mombacher Turnvereins Narrhalla des Vereins wird. Mit der Gleichschaltung der Fastnacht im Dritten Reich fällt dem Mombacher Carneval-Verein die Rolle des Alleinveranstalters zu.

Die Autoren des Buchs setzen sich sehr offen mit der Rolle der Mombacher Fastnacht ab 1933 auseinander, schreiben, dass den Fastnachtern oft nur die Wahl blieb zwischen „Anpassung oder Schweigen", alles andere sei lebensgefährlich gewesen. Die Zeit solle nicht verdrängt werden und vor allem nicht „in der Glorie einer Art von Widerstand erstrahlen", „denn diesen … gab es nicht". Vielmehr sei vielfach erstaunlich offen für die nationalsozialistische Bewegung Stellung genommen worden, selbst in unpolitischen Vorträgen.

Nicht viele Korporationen fanden bereits vor 40 Jahren so klare Worte wie die Mombacher, doch scheint gerade einer ihrer Aktiven in jenen Jahren einer der schlimmen Hetzer gewesen zu sein, der weit über Anpassung und Anbiederei heraus geht.

Otto Schäfer als „Mombacher Gemiesfraa" in der Mainzer Zeitschrift „Narrhalla", die auch eine seiner Hetz-Büttenreden abdruckt.

Unn, daß bei me Umzug geht emol was kaputt,
Des wiſſe mir unn waaß aach de Jud,
Doch, daß ſich die Welt fühlt driwwer beleidigt,
Weil mir die Jünger Moſes beſeitigt,
Do geb' ich ihr recht, weil ſie ſelbſt vun dem Schrott
Nit mehr waaß wohin unn ſelbſt genug hott.
Reg' dich nur uff, Rooſevelt, iwwer'm Waſſer,
Dein Sowjetſtern'che wird jeden Daag blaſſer.
Doch nemm nit ſo voll dein großmäulich Mäul'che,
Berlin—Rom die Achs' is e Achs' unn koo Beil'che.
Unn driwwe im Weſte do ſiehſt du verſchanzt,
Vor unſerm Haus en Eichbaum gepflanzt,
Drum ſoll m'r, ſoll ſich e Gewitter mol zeige,
Immer ſich halte weit ab vun der Eiche.
Drum ruf ich dir zu, du Moſesprophet:
„E kloo biß'je früher, jetzt is es zu ſpät!"

Von Otto Schäfer, der Mombacher Marktfrau, später auch Gemiesfraa, sind in der Mainzer Zeitschrift „Narrhalla" gleich mehrere Vorträge abgedruckt, die er beim Mainzer MCV hält. Kann es eine Namensgleichheit sein, vielleicht ein anderer Otto Schäfer? Das ist unwahrscheinlich, denn der 1939 in der „Narrhalla" gezeigte Otto Schäfer ist jenem in der Mombacher Fastnachtschronik höchst ähnlich, Rolle und Sprache sind es auch.

Schon 1935 bei den Damensitzungen prahlt er stolz mit seiner „nationalsozialistisch durchgeglühten Familie", in der alle in HJ, SA, SS oder beim NSV seien, um 1939, drei Monate nach der Kristallnacht, zynisch über die Opfer zu spotten:

„Unn, daß bei me Umzug geht emol was kaputt, / Des wisse mir unn wääß aach de Jud, / Doch, daß sich die Welt fühlt driwwer beleidigt, / Weil mir die Jünger Moses beseitigt, / Do geb ich ihr recht, weil sie selbst vun dem Schrott / Nit mehr waaß wohin unn selbst genug hott."

Menschen als Schrott zu bezeichnen, ist die Sprache die nach Auschwitz führt, nach Theresienstadt, Riga, Chelmno, Treblinka, Majdanek, Sobibor … Zehn Jahre nach diesem Vortrag, zehn Jahre nach Kriegsbeginn und vier Jahre nach Kriegsende wird der Mombacher Carneval Verein nun als „Bohnebeitel" neu gegründet, und auch Otto Schäfer ist wieder dabei.

Im Krieg wird der „Goldene Engel" zerstört, die Ruine dann abgeräumt, um die Straße verbreitern und die Straßenbahnendstelle vor die Ortsverwaltung verlegen zu können.

Luftbild zwischen 1956 und den frühen 60ern. Im unteren Teil der neue Kirchenbau von St. Nikolaus.

220 Mombach 4

Obst-Konserven und Frada-Limo

Die Hauptstraße ist so etwas wie die „Schlagader" von Mombach, auch wenn sie heutzutage zum Glück weit weniger pulsiert als früher mit dem ganzen Durchgangsverkehr. Die durchgehende Rheinallee ist 1965 ein großer Schritt, dann 1997 die Umgehung gen Budenheim. Und schließlich tut die umstrittene Neugestaltung ihr Übriges. Es ist ruhiger geworden. Bei einer Verkehrserhebung 1964 zählt man in der Hauptstraße ab 6 Uhr in der Frühe 16809 Pkw-Einheiten, 9047 in den Ort und 7762 hinaus. Das ist eine Größenordnung wie Binger Straße oder fast Große Bleiche. Die Messgröße Pkw-Einheit zählt ein Auto mit 1,0, ein Motorrad mit 0,5, Bus/Lkw mit 2,0 und einen Lastzug mit 3,5 Pkw-Einheiten. Man kann sich auf jeden Fall gut vorstellen, dass wochentags ein Auto am anderen hing.

Welch paradiesische Zustände herrschen da in den 20ern/30ern, als nur gelegentlich ein Auto durchkommt. Die größeren Unternehmen liegen nah an der Bahn und haben Anschlussgleise, kleinere Firmen nutzen Lieferwagen oder lassen ihre Waren mit dem Fuhrwerk abholen.

Um eine autofreie Hauptstraße ablichten zu können, musste der Fotograf in den 60ern schon sonntagfrüh unterwegs sein. Hier Blick zur Einmündung Arndtstraße, heute Nestléstraße.

Unternehmen zwischen Hauptstraße und Bahn sind die Konservenfabriken B. Ley in der Körnerstraße 2-4, R. Ley in der Arndtstraße 26 und Nägeli in der Jägerhofstraße 48. Gerade letzteres mit Gründer Dr. Walter Nägeli sen. bietet ein spannendes Stück Wirtschaftsgeschichte, das mit einer Pleite in München beginnt. Dort forscht Nägeli mit seinem Vater, dem Direktor des Botanischen Gartens, an der Konservierung von Früchten in Gläsern und gründet 1876 eine Firma. Die aber geht ein, weil man zu weit weg ist von den Zentren des Obstanbaus und die Früchte bei den Transporten oft verfaulen.

Die Firmen lagen nicht voneinander. B. Ley in der Körnerstraße 2-4, Grünig in der Arndtstraße 8.

Das Fruchtsaftgetränk Frada stammt aus dem Hause der Konservenfabrik Nägeli, Arndtstraße 48.

Also kommen die Früchte nicht mehr zu Nägeli, sondern er geht zu ihnen und gründet das Unternehmen in Mombach neu. Aber er ist nicht nur erster Produzent von konserviertem Obst in Gläsern und später in Konserven, sondern bietet auch Produkte für Diabetiker oder das Fruchtsaftgetränk Frada an, das er 1896 auf der Naturforscherversammlung in Frankfurt vorstellt.

Sehr schönes Vorkriegsbild mit der noch unzerstörten Kirche von St. Nikolaus.

Nägeli produziert Frada aus frischen Äpfeln, Heidelbeeren, Kirschen, Johannisbeeren, Preiselbeeren und Pflaumen, versetzt die sterilisierten Fruchtsäfte mit Zitronensäure und für die Haltbarkeit noch mit verpöntem schwefligem Natrium. Zur Erzeugung von Kohlensäure findet sich im Korken eine Pastille von Natriumcarbonat. Nägeli wird als genialer Erfinder beschrieben, der auch patentierte Verfahren für alkoholfreies Bier, Kaffee-Ersatz und sterilisierte Milch entwickelt, der sich aber als Kaufmann schwertut.

Ehefrau Emma ist eine Pionierin der Mainzer Frauenbewegung. Jahrzehntelang engagiert sie sich für Frauen und Mädchen, gründet den „Damen-Turn- und Spielclub" und kämpft fürs Frauenwahlrecht. Sohn Dr. Walter Nägeli jr. (1882-1957) übernimmt 1919 die Firma, navigiert sie durch schwere Zeiten und macht nach 1945 den Familiensitz in der Budenheimer Straße 18 zum offenen Haus für Künstler. Viele gastierende Theaterleute und Musiker wohnen dort, einmal auch Carl Zuckmayer mit Alice und Tochter Winnetou. Nach der Währungsreform geht durch ausländische Konserven und billiges Frischobst das Geschäft schlechter, bis die Fabrik 1953 liquidiert wird.

Die Gegend rund um den Bahnhof mit dem Stationsgebäude sowie die Hauptstraße nahe der Ortsverwaltung werden im Krieg Opfer der Bomben. Teils schon beim ersten schweren An-

Typische Mehrbildkarte der späten 50er mit all dem, was man für unbedingt zeigenswert hielt.

griff auf Mainz am 12./13. August 1942. In jener Nacht brennt St. Nikolaus. Heinz Hornung schreibt einmal: „Der Turm leuchtete wie eine riesige Fackel", und noch etliche Jahre habe am geborstenen Stumpf das Zifferblatt der Turmuhr mit 1.30 Uhr die Stunde des Unheils angezeigt. Die Gottesdienste feiert man in der Herz-Jesu-Kirche und werktags auch in der erhaltenen Sakristei.

1948/49 wird die Ruine abgerissen, und etwa zu jener Zeit kehren auch die drei großen Glocken heim. Man hat sie bald nach Kriegsbeginn wie andere überall im Reich requiriert, weil ihre Bronze kriegswichtig ist. Pro Kirche darf nur eine zum Läuten bleiben, in St. Nikolaus ist das die Josefs-Glocke, die beim Angriff weißglühend im brennenden Gebälk schmilzt.
45000 Glocken werden für den Krieg geopfert,

Endstelle an der Ortsverwaltung in den späten 50ern. Straßenbahnwagen 77 von 1925/26 stammt aus der Waggonfabrik Gastell, beim Bus rechts handelt es sich um Wagen 57 von Büssing-Emmelmann, der bei einem Unfall den Großteil seines Ziergitters, die sogenannte Büssing-Spinne, verloren hat. Er fährt als Linie 25 zum Waldfriedhof.

MOMBACHER GESCHÄFTS-ANZEIGER

Herausgeber und Druck: Druckerei Gottfried Märkl, Mz.-Mombach, Weinbergstr. 25, Tel. 3919 Inseratenannahme dortselbst und Jahnstr. 10

November/Dezember 1952

Behördlich genehmigtes Werbeblatt Der Mombacher Einwohnerschaft zur gefl. Beachtung übergeben. Bitte nicht wegwerfen!

Vor Weihnachts-Ausgabe

Betty Barth
empfiehlt für Weihnachten:
Märchenbücher, Bilderbücher, Füllhalter, Kugelschreiber, Lederwaren, Geschenkpackungen in Briefpapieren, Tabakwaren.
Hauptstraße 63

„Jetzt ist sie wieder da, die frohe Zeit der Erwartung für unsere Lieben". . . So sagt Frau Klug und überlegt, wann - wo - wie? Ein Blick in den „Mombacher Geschäfts-Anzeiger" und schon ist ihr Entschluß gefaßt:
Aber · selbstverständlich · ·
wenn das alles im Ort zu haben ist, — — —
wird hier gekauft - und ich spare den Weg in die Stadt, Zeit **und Geld**

A. Diehl
Rind-, Kalb- und Schweine-Metzgerei
Suderstraße 74
Spezialität:
Schinken, Dauerwurstwaren
Lieferung frei Haus

Durch ein
LOS zum Glück
bei
Zigarrenhaus **Moguntia**
Inh. Friedr. Weigand
Gegr. 1921
Hauptstraße 68 · Telefon 3610

Philipp **BUCHER** & Sohn
liefert:
Herde,
Öfen,
Kessel,
Glas,
Porzellan,
Kristall
Seit 1873
Hauptstraße · Telefon 3007

Karl Jos. **Herrmann**
Schuhmachermeister
Lindengasse 19
jetzt auch Suderstr. 48, Ecke Turmstr.
empfiehlt sich in
Maß- und Reparaturarbeiten
sowie Krepp- und Gummisohlen

Für Musestunden rat' ich Dir,
lies „Bunte Blätter" von Franz Schier!
Lesezirkel
„Bunte Blätter"
FRANZ SCHIER Nerobergstraße 8

Frieda Hasselbach
Haushaltswaren
Hauptstraße 69
Geschenkartikel — Porzellan
Herde — Öfen
Spielwaren

Adam August Reitz
Obst · Gemüse · Südfrüchte
Kartoffel · Obst- und Fischkonserven
Hauptstraße 123

MÄRKLIN
Eisenbahnen
Metall-Baukasten
OPTIKER MÜLLER
Hauptstraße 100

PHOTO NORKUS
DROGERIE · FARBENHAUS
ALFRED NORKUS
HAUPTSTRASSE 75

Zum Weihnachtsfest alles neu und rein durch:
Fa. Heeschen K.G.
Wiesbaden-Biebrich
Chem. Reinigen und Färben, Kunststopfen
„Edelweiß"-Wäscherei
Mainz
Wallaustraße 16
Telefon 7760
Annahme Hede Stemmler
Leihbücherei und Zeitschriften · Suderstraße 82 · Telefon 3650

Der Mombacher Geschäfts-Anzeiger Weihnachten 1952 gibt einen schönen Einblick in die Geschäftswelt.

aber 14000 liegen bei Kriegsende noch auf „Glockenfriedhöfen" wie etwa dem im Hamburger Freihafen. Dort werden auch die Mombacher Glocken durch den 1947 gegründeten „Ausschuß für die Rückführung der Glocken" identifiziert. Sie werden 2023 übrigens 100 Jahre alt.

1950 wird ein Pfarrsaal gebaut, 1956 die neue Kirche, aber ohne Turm, weshalb die geretteten Glocken noch lange vor St. Nikolaus stehen. Erst 68 Jahre nach der Zerstörung gibt es wieder einen Turm und damit einen Platz für die Glocken. Am Nikolaustag des Jahres 2010 erklingt wieder das volle Geläut des Mombacher Gotteshauses.

Der neue Turm, hoch aufschießend, metallen und hartkantig, mit schwerem Kopf, aber ohne Helm, hat mehr von einem Silo denn von einem Kirchturm. Aber was dem Auswärtigen fremd erscheint, ist den Mombachern vielleicht

Die Gaststätte „Zum Nerotal" von Nikolaus Franz Ritzheim in der Nerobergstraße 15.

längst vertraut. Und nicht mehr viele werden sich noch an St. Nikolaus vor der Zerstörung erinnern können.
Überhaupt hat sich diese Gegend an der Hauptstraße sehr verändert, auch die Straße selbst. Endigt sie einst am heutigen kleinen Kreisel, führt sie nun darüber hinweg Richtung Budenheim. Dieser Abschnitt heißt bis zur Umbenennung Budenheimer Straße, aber diesen Namen gibt es auch in Gonsenheim, und als Mitte der 1960er die Bundespost die Abschaffung solcher Doppelbenennungen fordert, bleibt den Nachbarn die Budenheimer erhalten. Dafür behält Mombach die Hauptstraße, während die Gonsenheimer die ihre umbenennen müssen. So geht es Dutzenden Mainzer Straßen.
Eine gravierende Änderung in der Verkehrsführung gibt es ebenfalls nach Mitte der 1960er, als die Kreuzstraße zu ihrer heutigen Form ausgebaut und mit einer Unterführung bis zur Nestlébrücke, heute Kreisel, an der verlängerten Rheinallee, weitergeführt wird. Bis dahin nehmen die Landwirte auf dem Weg zu ihren Feldern die Unterführung im Zuge der Nerobergstraße an der Markthalle. Aber mit dem Ausbau von Rheinallee, Industrie- und Gewerbegebiet geht die Landwirtschaft merklich zurück und irgendwann schließt die Markthalle. 2003 wird sie abgerissen und durch einen Discounter ersetzt.
Große Supermärkte, Einkaufsmärkte, der Drang in die City, dies alles macht schon ab den späten 60ern dem Handel in Mombach zu schaffen, wo es bis dahin noch ein komplett intaktes Geschäftsleben gibt. Kurz gesagt: Man bekommt alles, vor allem in der Haupt- und der Suderstraße, wie eine Ortsaufnahme von 1964 belegt. Mit 56 bzw. 24 Ladengeschäften finden sich in diesen beiden Straßen 55 Prozent aller Mombacher Läden, wobei der gehobene Bedarf, Kleidung, Elektro, Möbel, zu 80 Prozent in der Hauptstraße zu finden ist.
In den Siedlungen der 60er-Jahre westlich der Kreuzstraße gibt es praktisch keine Geschäfte, weil in diesen Gegenden der Einkauf mittels Autos damals Usus wird. In den 30ern verhält es sich noch anders, als in der Suderstraße, also ein deutliches Stück weg vom Ortskern, eine Siedlung für kinderreiche Familien gebaut wird, die Güter des täglichen Bedarfs benötigen. Erst entstehen Hausverkaufsstellen für Getränke, Tabak und Kurzwaren, dann werden ins Erdgeschoss von Wohnhäusern kleine Läden für Nahrungsmittel eingebaut oder in den Vorgärten dafür Anbauten errichtet. Es sind Tante-Emma-Läden. Aber die beschriebene Entwicklung macht ihnen den Garaus. Irgendwie schade.

Von unten rechts, an St. Rochus vorbei, verläuft nach links die Emrichruhstraße. Foto von ca. 1960.

221 Mombach 5

St. Rochus, Bethaus und zwei Kinos

Eine der Straßen, entlang derer sich Mombach bis zum Ersten Weltkrieg entwickelt, ist die Emrichruhstraße. Sie zweigt von der Hauptstraße kurz vor der Einmündung der Arndt-/Nestléstraße südwestlich ab und mündet einst am alten Pumphaus des Wasserwerks in die Kreuzstraße. Die dortige Suderquelle hat einst Reform-Kurfürst Emmerich Josef fassen und sich allda eine Laube errichten lassen – Emrichruh. 1905, als Mombach Wasserleitungen erhält, wird an der Quelle das Pumpwerk errichtet, heute Museum für Mombacher Ortsgeschichte.

Bedeutendstes Bauwerk der Straße ist aber das heutige Caritas-Zentrum St. Rochus, das alte Gastell'sche Hospiz und spätere St. Rochuskrankenhaus. Bevor es 1892 errichtet wird, obliegt zwei Schwestern von der göttlichen Vorsehung die ambulante Krankenversorgung, aber schwere Fälle müssen nach Mainz. Wer nicht laufen kann, wird auf Fuhrwerken oder Karren ins Rochusspital in der Altstadt oder ins Vincenz auf dem Kästrich gebracht.
Kein haltbarer Zustand, gerade in einem Industrieort, in dem es in den Fabriken auch zu schweren Arbeitsunfällen kommt. Da auch die

Mehrbildkarte des St. Rochus-Krankenhauses, das von 1893 bis 1984 existierte.

Das spätere Rochus wurde als Gastell´sches Hospiz gegründet, als Sozialeinrichtung der Waggonfabrik.

von der Gemeinde angebotene Unterkunft der Schwestern in untragbarem Zustand ist, wird Oberin Cäcilia 1892 bei den Gebrüdern Gastell in der Waggonfabrik vorstellig. Sie bittet um ein Krankenhaus. Und sie bekommt es.

Es ist die Zeit der Firmenpatriarchen, die ein strenges Regiment führen, Gewerkschafter und Sozialdemokraten in den Betrieben bekämpfen, um dennoch eine soziale Verpflichtung zu empfinden. Oft bauen sie Siedlungen, soziale Einrichtungen oder wie hier ein Krankenhaus. Bereits ein Jahr nach dem Besuch der Oberin wird das Gastell´sche Hospiz eröffnet. Zunächst mit sechs Betten für Erwachsene, dreien für Kinder und einem einfachen Operationszimmer, aber bald richtet der Mainzer Arzt Kupferberg auch eine Gynäkologie ein.

Es kommt ein Infektionsbau hinzu, eine Er-

Julius Buckler, einer von nur 687 „Pour le Mérite"-Trägern des 1. Weltkriegs und einer von nur ganz wenigen aus dem einfachen Volk.

weiterung, ein Schwesternhaus und 1914 ein Neubau an der Westfront, der mit dem Altbau optisch vereint wird. 1929 heißt es im Jahresbericht über das Mainzer Gesundheitswesen zum Mombacher Haus, das 1925 von den Gastells an die Genossenschaft der Schwestern von der göttlichen Vorsehung übergegangen ist: „Die Anstalt hat 70 Betten mit drei Verpflegungsklassen. Moderne Einrichtung, drei schöne, helle Operationssäle, je eine innere, chirurgische und gynäkologische Station, Röntgen- und Radiumstation und außerdem im Nebenbau eine moderne Badeanstalt für medizinische Bäder, ebenso Höhensonne und Heißluftapparate." Die Bäder können von jedermann genutzt werden, denn ein Bad in der Wohnung ist für viele Mombacher alles andere als selbstverständlich.

Bald nach der Erweiterung bricht der Erste Weltkrieg aus, das Rochus wird Lazarett. Mit 250 Gefallenen und einem Vielfachen an Verwundeten zahlt der 8000-Einwohner-Ort einen hohen Preis. Immer wieder hört man aber auch, dass einer der höchst dekorierten Soldaten des Krieges Mombacher gewesen sei – der Jagdflieger Julius Buckler, einer von nur 687 „Pour le Mérite"-Trägern unter 13 Millionen deutschen Soldaten. Dazu ist er einer der wenigen aus dem einfachen Volk, ein Gastwirtssohn und Dachdeckergeselle aus Mainz, aber auch aus Mombach?

Viele auch amtliche Quellen geben an, dass Buckler 1893 in Mombach geboren wird, aber seine Beziehung zu Mombach bleibt unklar. Sein Vater steht in den Mainzer Adressbüchern 1897, 1902 und 1909 mit Adressen in Postgässchen und Dreikronenstraße auf dem Brand sowie in der Emmeransstraße, und auch Buckler selbst erwähnt in seinem autobiografischen Bestseller „Malaula! Der Kampfruf meiner Staffel" Mombach mit keinem Wort. Ist die Mutter vielleicht gerade in Mombach unterwegs, als die Wehen einsetzen? Immerhin hat das Rochus ja eine Gynäkologie. Möglich ist auch, dass die Verbindung zu Mombach erst später entsteht, denn der Stiefvater hat hier eine Gaststätte. Gesichert scheint aber ein Husarenstück Bucklers: Er fliegt Anfang 1918 unter der Kaiserbrücke hindurch.

Zwei Jahre vor der Einweihung des Rochuskrankenhauses erbaut auf dem Nachbargrundstück, Emrichruhstraße 37, die wachsende evangelische Gemeinde ihr erstes eigenes Haus mit Betsaal. 1885 sind unter 2822 Einwohnern 485 evangelischen Glaubens. Ihr Bethaus ist ein Rotklinkerbau, der heute stark

VIKTORIA-LICHTSPIELE
MAINZ-MOMBACH
Emrichruhstraße 37 Telefon 4895
Freitag, 12. 11. bis Donnerstag, 8. 11.:
Der Postmeister
mit Heinrich George
Ein dramatisches Menschenschicksal.
Täglich: 17.30 und 20.00 Uhr.
Samstag: 15.30, 17.30 und 20.00 Uhr.
Sonntag: 13.30, 15.30 und 20.00 Uhr.

Die Viktoria-Lichtspiele kündigen 1948 den „Postmeister" mit Heinrich George von 1940 an. George hatte 1921 seinen ersten Film unter dem Mainzer Regisseur Ludwig Berger gedreht.

Pestalozzischule von 1909 am damaligen Jahnplatz. Zu ihr gehörte auch ein Volksbad, das alle Mombacher nutzen konnten.

verändert ist, zumal sich dort später mit den „Viktoria-Lichtspielen" das zweite Mombacher Kino etabliert.

Die ersten Lichtspiele eröffnen 1910 im gartenseitigen Anbau des Lokals „Zur schönen Aussicht" in der Hauptstr. 90, heute Sparkasse. Mombachs Chronist Heinz Schier zitiert einen Pädagogen, der sich damals über die Folgen eines Kinematographen-Besuchs auslässt: „Geistige Zerfahrenheit, sittliche Verirrungen, vagabundierende Verwahrlosung, Verwüstung der jugendlichen Phantasie…"

Wahrscheinlich hält sich das Kino nur bis zum Ersten Weltkrieg, aber 1926 öffnen die „Viktoria-Lichtspiele" mit 250 Plätzen im alten Bethaus Emrichruhstraße 37. Bis 1960 gibt es mindestens neun Betreiber. Nach dem Zweiten Weltkrieg sind das Hans H. Wehrum, Albert Müller und schließlich Vater und Sohn Josef Illig. Ein weiteres Kino eröffnet Müller 1953 in der Suderstraße 97. Die „Suder-Lichtspiele" haben 336 Plätze, 1962 macht das Kino dicht.

Das spätere Viktoria-Kino wird bereits 1911 als Bethaus aufgegeben, als die Gemeinde ihre eigene Kirche erhält. Die entsteht nur zwei Straßenzüge entfernt am damaligen Jahnplatz, heute Pestalozziplatz, neben der 1909 eröffneten Pestalozzischule. Das ist neben dem Schulhaus an der Hauptstraße, der Jahnschule in der Weiherstraße (heute Haus Haifa) die dritte Schule im stark wachsenden Stadtteil. Ein immer noch schöner Zweiflügelbau mit Walm- und Mansardwalmdach, einem schönen Schweifgiebel und Bildhauerarbeiten von Ludwig Lipp, dem späteren „Vater" der Schwellköpp. Die Pestalozzischule erhält wie viele andere damals gebaute Schulen eine wichtige soziale Einrichtung – ein Volksbad für die Schüler, aber auch für alle anderen Mombacher.

Schule und Kirche bilden ein äußerst sehenswertes Ensemble, das eine Ergänzung in den gegenüberliegenden 20er-Jahre-Häusern im

Die Friedenskirche wird am 22. Oktober 1911 in Anwesenheit des großherzoglichen Paares eingeweiht.

Straßenkarree Am Suderbrunnen/Emrichruhstraße/Pestalozzi- und Zeystraße erfährt. Die Kirche selbst ist ein fast malerischer Bau, dessen Stil die Denkmaltopografie für Mainz (Band 2.3) als „vom Neuklassizismus geprägter Jugendstil" einordnet. Schön ist der seitlich vor die Fassade gestellte Flankenturm mit seinem doppelt gebrochenen Helm, dann der kleine Treppenturm mit Schweifgiebel sowie das angefügte Pfarrhaus.

Die Friedenskirche wird anlässlich der 25-Jahr-Feier der Gemeinde am 22. Oktober 1911 eingeweiht. Es ist ein so wichtiges Ereignis, dass auch „Seine Königliche Hoheit der Großherzog und Ihre Königliche Hoheit die Großherzogin" eigens aus Darmstadt herüber-

Das Rochus-Krankenhaus in den 60ern mit einer hübschen Autoparade. VW-Käfer frühe 60er, Ford Taunus „Badewanne", Ovali-Käfer von 1953 und ein Streifen-Taunus von Ford.

kommen. Die Veranstaltung beginnt mit einem „Festzug vom Bethause zur Kirche. Vormittags 9 1/4 Uhr." Schon 15 Minuten früher stellen sich die zwölf Gruppen auf: Zugordner an der Spitze, dann Jungfrauenverein, Bläserchor, Kirchengesangverein, Schwestern des Hessische Diakonievereins, Geistliche im Ornat, Kirchenvorsteher, Ehrengäste, Gemeindevertretung, Bauleute, Gemeindemitglieder und Jugendbund.

Eine Viertelstunde dauert der Weg, auf dem die Schulkinder Spalier stehen, dann folgt, begleitet vom „Niederländischen Dankgebet", der feierliche Einzug. Erst wenn alle sitzen, betritt das großherzogliche Paar die Kirche, beginnt der Gottesdienst.

Ein feierlicher Tag für Mombach, aber es ist nicht der letzte Kirchenneubau. Zwei Jahre später, am 20. September 1913, wird an der Hauptstraße die Herz-Jesu-Kirche konsekriert. Bis 1873 liegt dort der Gemeindefriedhof, dann wird der Platz als Bleiche genutzt, bis endlich die Kirche gebaut wird, allerdings nicht so wie eigentlich geplant. Denn statt eines 80-Meter-Turms erhält sie lediglich einen Dachreiter.

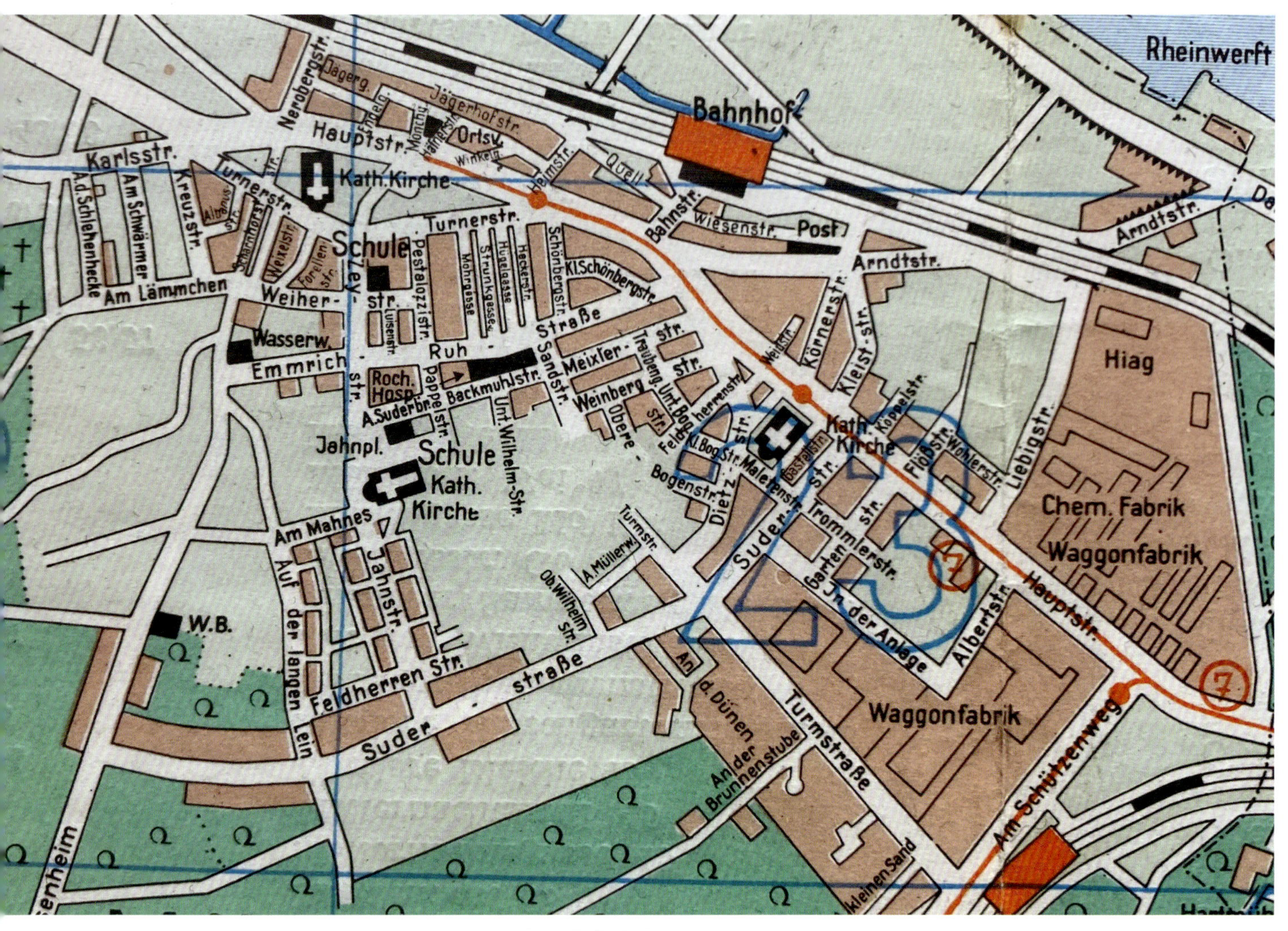

Plan 1949: Viele Straßennamen werden in den 60ern geändert, weil es sie auch anderswo in Mainz gibt.

222 Mombach 6

Die große Zeit des Siedlungsbaus

Wenn die Mombacher feiern, sind einst die Säle der Gaststätten erste Adresse. Da gibt es den „Goldenen Engel" schräg gegenüber der Ortsverwaltung, „Zur Krimm" in der Jägerhofstraße oder die „Schöne Aussicht", Haupt-/ Ecke Nestléstraße. An der heutigen Bernhard-Winter-Straße entsteht 1906 der Saalbau für bis zu tausend Personen und an der Turnerstraße wird die Turnhalle von 1869 Schritt für Schritt erweitert. Aber der Krieg zerstört „Engel", Saalbau und Turnhalle.

Mombach hat nach 1945 ein Saalproblem, und dass die „Bohnebeitel" ihre Sitzungen in Schulturnhalle und Markthalle abhalten können, ist nicht auf Dauer. 1953 bzw. 1955 ist da Schluss, muss man in die „Krimm" ausweichen, aber da kann man, wie Heinz Schier einst schreibt, an manchen Stellen durch den Boden in die unteren Räume schauen. Also wird für fünf Kampagnen das Mainzer Schloss die Mombacher Narrhalla, bis 1961 die Turnhalle fertig ist.

Das Vlasdeck-Haus in der Weinberg-/heute Bernhard-Winter-Straße in den 20ern, heute ist das Gebäude nicht wiederzuerkennen, über den Hof verläuft die Turmstraße.

„Goldener Engel" und Saalbau werden nicht aufgebaut, es bleibt nur die gleichnamige Kneipe an der Ecke Dietzestraße. Anstelle des Saalbaus gibt es zeitweise einen Latscha-Laden (LLL – Latscha liefert Lebensmittel) und eine Quelle-Fundgrube. Weiter oben in der Weinberg-/heute Bernhard-Winter-Straße steht das Haus von Franz Vlasdeck mit Krüppelwalmdach, Fachwerkobergeschoss, das heute aber nicht mehr wiederzuerkennen ist, und über dessen Hof heute die Turmstraße verläuft. Das einst weitläufige Firmengelände ist längst überbaut.

Vlasdeck (1859-1933) ist Bildhauer, Stukkateur und später auch Bauunternehmer. Er wird in der Mainzer Altstadt in der Heringsbrunnengasse geboren, lebt später am Kirchplatz 8, heute Bonifaziusplatz, und ist damit direkter Nachbar der Familie Zuckmayer, bevor er um 1902 in Mombach Wohnhaus und Werkstatt errichtet. Er hat zahlreiche Mitarbeiter, darunter auch seinen Sohn. Er genießt einen sehr guten Ruf, ist in Mainz tätig (Schloss, Frankfurter Hof, Volkspark), aber auch außerhalb sehr gefragt. So fertigt er für die Hauptbahnhöfe von Aachen und Wiesbaden sowie für andere öffentliche Gebäude den damals üblichen Figurenschmuck, gestaltet die Villa des BASF-Gründers Engelhorn in Mannheim oder Kurhaus und Kurhotel in Bad Soden.

Nach dem Ersten Weltkrieg weitet Vlasdeck sein Geschäftsfeld aus, wird auch Bauunternehmer. Seine ersten Bauten sind die Arbei-

Bauunternehmer Vlasdeck kauft 1930 die Häuser der abgezogenen Franzosen, übernimmt sich aber.

Im Hintergrund die Häuser „An der Langen Lein", die bis in die 30er die Bebauungsgrenze markierten.

terreihenhäuser in der damaligen Jahnstraße, heute Am Mahnes, die Vlasdeck für die Gemeinnützige Baugenossenschaft Mainz-Mombach errichtet. Die zweigeschossigen Reihenhauszeilen stehen für den Kleinsiedlungsbau der 20er Jahre und die soziale Aufgabe, der Arbeiterschaft menschenwürdiges und bezahlbares Wohnen zu ermöglichen. Typisch die rückwärtigen Gärten zur Selbstversorgung sowie die Möglichkeit, Kleinvieh zu halten.

Die noch unbefestigte Suderstraße in den 30er-Jahren.

Mehrbildkarte mit den Straßen An der Langen Lein, Suderstraße, Jahnstraße und An der Plantage.

Die Firma baut auch an der Langen Lein, firmierte alsbald im Adressbuch unter „Franz Vlasdeck, Baugeschäft, Generalunternehmen für Wohnungs- und Siedlungsbauten, eigene Steinfabrik mit Maschinenbetrieb, Sägewerk, Treppenbau, mechanische Bauschreinerei, Bauschlosserei, Außen- und Innenputz-Ausführung". Er baut sich die heute noch existierende Villa Am Mahnes 53, doch dann verhebt er sich.

Als die Franzosen 1930 Mainz verlassen, werden auf einen Schlag hunderte Wohnungen frei, die das Reich für die Besatzer gebaut hat. Vlasdeck übernimmt alle für mehrere Millionen Mark, aber dann kommt die Weltwirtschaftskrise, es gibt bauliche Probleme und schließlich verliert er alles. Als sein Sohn einem Hirnschlag erliegt, stirbt Vlasdeck als gebrochener Mann.

Bis Mitte der 30er bildet die Lange Lein die Westgrenze von Mombach, und auch an der Suderstraße kommt oberhalb der Turmstraße die Bebauung nur langsam voran. Da gibt es nur den hohen Eckblock der Gemeinnützigen Baugenossenschaft und bis hoch zur Langen Lein die um 1910 entstandenen Wohnhäuser im einfachen Landhausstil mit Fachwerk und Krüppelwalmdächern.

Ab 1934 setzt dann eine großräumigere Bebauung weiter nach Westen bis hoch zum ungepflasterten Weg nach Gonsenheim ein, der heutigen Kreuzstraße. Als 1930 mit dem Abzug der Franzosen der Truppenübungsplatz Großer Sand frei wird, kauft der Mombacher Gemüsebauverein vom Reich mit 75 Hektar den größten Teil des Geländes und verpachtet ihn an Mombacher Bauern. Gleichzeitig wird aber auch ein Streifen auf der rechten Seite als Baugebiet freigegeben.

Dort entstehen kleine Häuser für kinderreiche Familien, weshalb das Wohngebiet einst „Storchensiedlung" genannt wird. Weit weg vom Ortskern entsteht ein Mikrokosmos mit Läden, Kneipen, später für ein paar Jahre sogar einem Kino.

Einmal mehr eine Ansichtskarte, die die rege Bautätigkeit im Westen Mombachs zeigen soll. Die Kirche ist mehr schmückendes Bauwerk.

Noch im Krieg werden in der Suderstraße erste Blocks gebaut, teils von Zwangsarbeiterinnen, während nach dem Krieg die Bautätigkeit 1947/48 an der Turmstraße und „An den Dünen" beginnt. Dort werden einfache, in Fertigteilen hergestellte Holzhäuser gebaut, dann folgen bald nach der Währungsreform weitere Bauten „Am kleinen Sand" und „An der Plantage".

An der Suderstraße wird auf der linken Seite gebaut, die bis Kriegsende bis Höhe Lange Lein wegen militärischer Belange frei bleiben muss. 1953/53 entsteht dort eine Wohnblocksiedlung. Es ist eine ECA-Siedlung, die mit Marshallplan-Mitteln für die amerikanisch geführte Economic Cooperation Administration (ECA) gebaut werden, um die Wohnungsnot zu lindern.

Mehr als 70 Städte bewerben sich damals um eine ECA-Siedlung, Mainz erhält als eine von 15 deutschen Städten den Zuschlag. 171 Wohnungen entstehen. Zwar wird Mainz etwa in der Wikipedia-Liste nicht geführt, aber der „Spiegel" nennt die Stadt 1956 in einem Artikel, in dem es um die teils verheerenden Baumängel in einigen ECA-Siedlungen geht. Sie rührten daher, so der „Spiegel" damals, dass der US-Chef der ECA den Deutschen zeigen will, wie modernes Bauen mit moderner Ausschreibung und modernen Materialien funktioniert, was dann zu besagten Mängeln führt. Unklar, ob auch Mainz von diesem Missstand betroffen ist.

Die Wohnbau ersetzt im letzten Jahrzehnt die Siedlung an der Suderstraße durch moderne Neubauten, zahlreiche der Alt-Mieter, die teils Jahrzehnte in der Suderstraße leben, können aber nach Ausquartierung in die neuen Blocks in ihrer alten Gegend zurückkehren.

Die untere Suderstraße in den 50ern. Vor den Blocks steht ein 1950er Opel Olympia Kombi. Der andere Blick geht in die Gegenrichtung.

Der Westring in den 60ern, rechts unten ein Opel Blitz in Sonderbauart, vielleicht eine rollende Sparkasse.

223 Mombach 7

Neues Wohnen und viel Sport

Als am 19. März 1945 mutige Mombacher die Panzersperren an Hauptstraße, Turnerstraße und am Eiskeller öffnen, verhindern sie, dass die Amerikaner den Ort beschießen, der ohnehin schlimme Spuren der Zerstörung zeigt. Viel schwerer als die materiellen Schäden wiegen aber die unfassbaren Verluste an Menschen, die die NS-Zeit verursacht hat. Es gibt wohl nur wenige Mombacher Familien, die nicht betroffen sind. Ob sie an Leib und Seele verwundete oder ermordete Opfer des Nazi-Terrors zu beklagen haben, Gefallene, Vermisste, Verwundete oder Bombenopfer. Und viele warten lange Jahre, bis Väter, Ehemänner oder Söhne aus Gefangenschaft heimkehren. Ein Elend, das man nie vergessen darf, wenn von rechts außen wieder die Verbrechen der NS-Zeit kleingelogen werden.

Angesichts jener Situation ist es im Rückblick so erstaunlich wie bewundernswert, wie die Menschen auch in Mombach den Wiederaufbau anpacken. Und der Ort wächst. Von 8554 Einwohnern im Jahr 1946 um 1100 in nur vier Jahren, was vor allem dem Siedlungsbau am Großen und Kleinen Sand geschuldet ist und weiter an der Suderstraße. Dann baut die Gesellschaft für den Bau von Kleinwohnungen, heutige Wohnbau Mainz, in der Straße An der Plantage etliche Wohnblocks, bis ab 1960 die Planung auch über den „Weg nach Gonsen-

Wohnbau-Häuser in der Straße An der Plantage. Solche Wohnblocks waren für viele Menschen, die aus engen Altbauten ohne Bad und WC kamen, ein großer Segen.

heim" ausgreift. Damit ist die nach Mitte der 60er verlängerte und ausgebaute Kreuzstraße gemeint.
Aber nicht nur in Mombach dehnt sich Mainz aus. Als die städtische Zeitschrift „Das neue Mainz" 1965 Bilanz zieht, kann sie etliche Siedlungen aufzählen: den Hartenberg für 3500 Mainzer, das Wohngebiet am Gleisberg

An der Plantage frühe 60er. Gesprosste Eingangstür und Treppenhaus mit Tageslicht waren typisch.

Das Hochhaus-Trio am Westring entsteht Ende der 60er-Jahre, Clou ist im Haus links das Dachschwimmbad.

in Gonsenheim für rund 2000 Bewohner, die Berliner Siedlung für knapp 4500 Menschen und für fast genauso viele das Gebiet „An der Allee", die Keimzelle des Münchfelds. Auch der Bretzenheimer Südring ist geplant und in Mombach dehnen sich ab 1962/63 die Wohngebiete zur Siedlerstraße, zu den Straßen Am Obstgarten, Am Wasserwerk und auf den noch nicht bebauten Teil „Auf der Langen Lein" aus. Jenseits der Kreuzstraße entstehen am Flurweg „Am Lemmchen" sowie am Westring zusammen rund 1400 Wohneinheiten. Im erstgenannten Gebiet werden 144 Einfamilienhäuser gebaut, dann 13 Häuser im Blockbau und ein neungeschossiges Hochhaus, alles in allem mehr als 500 Wohneinheiten für 1600 Bewohner. Im Wohnviertel werden 30000 Quadratmeter Grünfläche angelegt, auch das Gelände des einstigen Friedhofs dort wird zur Anlage mit Kinderspielplatz.

Ein umfangreiches Baugebiet entsteht ab 1967 am Polygon. Der Westring ist im Prinzip ein Pendant zur fast zeitgleich entstehenden Siedlung am Südring in Bretzenheim, jeweils Mischungen aus Wohnblocks, Reihenhäusern und Hochhäusern. Am Westring hebt sich von den vier bis sechsgeschossigen Häuserzeilen mit zahlreichen Werkswohnungen ein Hochhaus-Trio ab, aus dem wiederum ein Gebäude mit 17 Stockwerken heraussticht.

„Seine 80 Eigentumswohnungen (2, 3 und 4 Zimmer) tragen den gesteigerten Ansprüchen vieler Wohnungssuchender Rechnung", heißt es in dem 1970 erschienenen Buch „das neue Mainz" und weiter: „Der Clou ist ein Dachschwimmbad auf 80 Meter Höhe, dessen Temperieranlage auch die Wohnungen mit warmem Wasser versorgt." Beim Bau der drei Hochhäuser findet die sogenannte All-beton-Bauweise Anwendung, bei der eine Feldfabrik vor Ort etwa Brüstungen, Trennwände, Balkonlaufplatten, Treppen und Kamine herstellt. Parallel zum Rohbau läuft auf diese Weise auch der Innenausbau.

Einer der am Westring, wie überhaupt in Mainz, gute Geschäfte macht, ist der Wiesba-

Wohnblocks am Lemmchen. Baute man in den 50ern noch mit Satteldächern, um Raum für Trockenspeicher zu haben, ging man in den 60ern zu Flachdächern über.

dener Bauunternehmer Heinz Mosch. Er hat den Mainzern das Altmünstercenter vermacht, baut in der Gonsenheimer Elbestraße und die Terrassenhäuser am Michelsberg, aber auch am Lemmchen und am Polygon in Mombach, bis er sich irgendwann an der Vielzahl seiner deutschlandweiten Projekte verhebt, insbesondere an jenen in Berlin. Dort ist Mosch als Kahlschlagsanierer in Kreuzberg verrufen, was ihm 1972 die „Ehre" einbringt, im „Rauch-Haus-Song" der Berliner Polit-Rockband „Ton, Stein, Scherben" in einem Atemzug mit üblen Spekulanten genannt zu werden.
Mosch präsentiert Anfang 1972 seinen Plan, einen Teil der Berliner Stadtautobahn mit Komfort-Wohnungen zu überbauen, ein 350 Millionen Mark-Projekt. Doch anderthalb Jahre später setzt mit Macht die Baukrise mit hohen Kreditzinsen und erschwertem Wohnungsabsatz ein und die trifft auch Heinz Mosch. Am 16. Juni 1974 schreibt „Der Spiegel": „Wie ernst die Lage ... auch für scharf kalkulierende Großunternehmer geworden ist, ließ der Wiesbadener Baulöwe in der vergangenen Woche erkennen: Die Zeichner von vier Mosch-Immobilienfonds wurden von der Nachricht überrascht, daß sie die zugesagten Zinsen von jährlich fünf bis sechs Prozent für 1973 nicht erhalten." Und einer dieser Fonds baut in Mombach.
1975 ist Mosch am Ende, er steht bei den Banken mit einer Milliarde in der Kreide. Der politische Kommentar zur ersten deutschen Milliardenpleite kommt in jenen Tagen von einem Mainzer. „Wenn unsolide finanzierte Unternehmen auf die Nase fallen, ist das durchaus im Sinne unserer Politik", erklärt der damalige Bundeswirtschaftsminister Hans Friderichs (FDP) etwas von oben herab vom Lerchenberg. Denn was bei solchen markigen Sätzen fehlt, ist der Blick darauf, dass die Pleite auch viele Handwerker und Subunternehmer in den Abgrund reißt.
Nicht nur Wohnungen werden gebaut, das wachsende Mombach braucht auch eine bessere Infrastruktur. So wird etwa Mitte der 60er-Jahre die Kreuzstraße ausgebaut, so wie auch die Rheinallee verlängert wird. 1971 wird für die westlichen Wohngebiete die Grund- und Hauptschule Mombach-West, die Lemmchenschule, eingeweiht, an deren Standort irgendwann das Gymnasium Mombach, zunächst als Containerschule, eröffnet wird. Bis 2035 soll das Gymnasium komplett fertiggestellt sein.
Bereits in den 60ern erhalten die Mombacher etwas, um das sie von allen anderen Stadttei-

In den 50er-Jahren wurde der zerstörte Bahnhof schlicht, aber zeitgemäß neu gebaut. Eine Architektur, die durchaus ihre Reize hat.

len beneidet werden – ein großes Ensemble an Sport- und Freizeiteinrichtungen. Zuerst entsteht 1964 die erste Mainzer Bezirkssportanlage, 1969 kommt als Ersatz für die verlorenen Bade- und Schwimmanlagen des früheren Floßhafens das Hallenbad „Am Großen Sand" hinzu. Es wird in Fertigbauweise erstellt, kostet 2,5 Millionen Mark, hat im Obergeschoss über dem Eingang eine Milchbar und auf dem Vorplatz steht ein 9 x 1,45 Meter großes Relief des Innenarchitekten Egon Kerbeck.

Schon 1972 folgt die Sporthalle „Am Großen Sand" für 2,5 Millionen Mark mit 450 Sitz- und 200 Stehplätzen, dann in der Nachbarschaft der Otto-Schott-Sportplatz und bereits 1974 das Freibad am Großen Sand für 5,5 Millionen Mark. Eine solche Dichte an Stätten für Sport und Freizeit gibt es sonst nirgends in der Stadt, und es kommt auch nicht mehr viel hinzu in Mainz. Das parallel geplante Frei- und Hallenbad am Großberg zwischen Hechtsheim und Weisenau wird niemals gebaut.

Ein großes Relief von Egon Kerbeck ziert den Zugang des 1969 erbauten Hallenbads. Unten eine Postkarte vom Anfang der 70er-Jahre mit den Kirchen, neuer Sporthalle und neuer Schule.

Kesselschmiede Schmahl um 1900 in Mombach. Erst war sie in der Neutorstraße, dann im Gartenfeld.

224 Mombach 8

Waggons, Kessel und Schiffe

Mombach, der Industrievorort. Das mag noch immer gängiger Ruf sein, doch das alte Etikett ist ziemlich abgeblättert. Metall, Chemie und Nahrungsmittel sind einst die großen Drei des produzierenden Gewerbes in Mombach, aber geblieben ist nicht so viel, in den letzten Jahren haben auch noch Nestlé und Cargill dicht gemacht. Die Formaldehydproduktion läuft, aber Waggon-, Maschinen- und Schiffsbau sind lange passé. Drei Unternehmen stehen exemplarisch für Aufstieg, Krisen, Erholung und Kriegszerstörung, abermaligen Aufstieg und Niedergang: Die Waggonfabrik, die Kesselschmiede Schmahl und die erst 1946 gegründete Rheinwerft.

2023 ist es 175 Jahre her, dass die Industrie Einzug ins Bauerndorf hält. Die Verlegung der Waggonfabrik von der Ludwigsstraße in der Mainzer Innenstadt aufs Walderdorff'sche Gut in Mombach markiert dieses Datum. Es dauert zwar noch bis 1859, bis der Vorort Bahnanschluss erhält, was bis dahin die Auslieferung von Eisenbahnfahrzeugen nicht einfacher macht. Aber die Waggonfabrik Gastell (der schon Stadtspaziergang Nr. 99 gewidmet war) prosperiert von Anfang an. Es ist zwar kein riesiges, aber ein national wie international angesehenes und erfolgreiches Unternehmen, das in seinen Spitzenzeiten weit über tausend Menschen Arbeit bietet.

Und die Gastells sind nicht die einzigen, die raus nach Mombach ziehen, weil die eingezwängte Festungsstadt keine Möglichkeit zur Ausdehnung der Fabrikationsanlagen bietet. Auch die Maschinenfabrik und Kesselschmiede Johann Schmahl gehört dazu. 1876 in der Neutorstraße gegründet, zieht das Unternehmen erst ins Gartenfeld, dann an den Rheingauwall

Die einstige Waggonfabrik in den 60ern, hier schon als Magirus-Werk der Bus-Sparte.

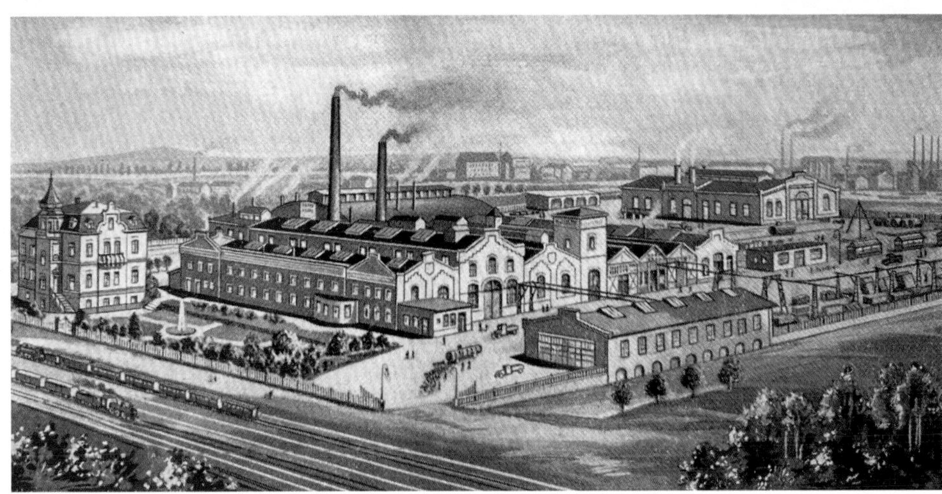

Die neue Fabrik der Kesselschmiede Schmahl im Jahr 1903.

und 1890 schließlich nach Mombach zwischen Bahn und Floßhafen. Dort genießt man „alle Vorzüge für An- und Abfuhr, was eine Lage an der Bahn und dem schiffbaren Strom naturgemäß mit sich bringt", heißt es einst in einer Firmenschrift und weiter: „Unsere Kessel rollten in fast alle Richtungen über Deutschlands Grenzen und trugen die Namen Schmahl und Mainz-Mombach in alle Welt." Ein historisches Fotos aus der Zeit vor dem 1. Weltkrieg zeigt einen Bahnwaggon mit großen Kesseln für das städtische Badehaus zu Sofia.

Zunächst werden Kessel, Behälter und Rührwerke für die chemische Industrie gefertigt, dann auch Hoch- und Niederdruckdampfkessel, während später noch Spezialfahrzeuge hinzukommen: Kesselwagen für Chemikalien, Schwerlastwagen, Kabeltransport- und Verlegewagen sowie Aggregatfahrzeuge.

Die Kriege bedeuten für alle Unternehmen tiefe Einschnitte mit schweren Folgen. Nach dem ersten Weltkrieg geht der Absatz von Schienenfahrzeugen praktisch auf null zurück, Gastell baut sogar kurzzeitig Autos der HAG-Hassia und Karosserien für Bugatti und Maybach, bevor man 1928 mit der Kölner Westwaggon fusioniert und zunächst unter „Vereinigte Westdeutsche Waggonfabriken, Werk Gastell" firmiert.

Im Krieg wird Mombach schwer getroffen, mit der schlimmste Angriff ist der vom 18. Dezember 1944. Zwei Tage nach Beginn der deutschen Ardennenoffensive sind Bahn und Industrie in Mainz Ziel der US-Air Force, die ab 13.45 Uhr mit 157 B-17-Bombern 430 Tonnen Bomben abwerfen. Die Waggonfabrik wird fast völlig vernichtet, Schmahl schwer getroffen. Dort schlagen eine Luftmine, 15 Sprengbom-

Straßenbahnwagen 86 Ende der 20er auf dem Mainzer Bahnhofplatz. Auf dem Weg nach Mombach passiert er seine Geburtsstätte. Im September 1927 war er bei der Westwaggon, Werk Mombach ausgeliefert worden.

ben und zahlreiche Brandbomben ein, töten zwei Kesselschmiede, während der Rest der Belegschaft im Werkluftschutzbunker überlebt. Bei der Degussa schlägt eine Bombe ein, die einen Arbeiter tötet.

Wegen der eher geringen Zerstörung kann die Degussa umgehend die Arbeit wieder aufnehmen, muss sie auch, denn der Konzern verliert sein großes Zentralwerk im Osten, aber auch Werke im Westen als Reparationsleistung. Und in der Waggonfabrik wird trotz der Zerstörungen praktisch ohne Unterbrechung weitergearbeitet, denn für die stark dezimierte Reichsbahn müssen dringend Wagen repariert werden, auch für die Mainzer Straßenbahn. Teils wird im bitter kalten Winter 1947/48, als die neue Hallen wieder abbrennen, sogar unter freiem Himmel gearbeitet.

Bei Schmahl „dreht sich auf vier Monate kein Rad" mehr, heißt es in einer Festschrift, die noch verbliebene Belegschaft ist mit Trümmerbeseitigung beschäftigt. Zwei Drittel der Anlagen sind zerstört, aber der Neuaufbau gelingt rasch: Schon 1949 werden die Umsätze der Vorkriegszeit wieder erreicht. Kein Wunder, müssen doch nach den Zerstörungen des Krieges in der gesamten deutschen Industrie dringend neue Anlagen gebraucht. Und das verschafft dem Maschinenbau und auch dem Fahrzeugbau volle Auftragsbücher, gerade wenn es gelingt, den eigenen Neuaufbau rasch voranzutreiben.

Aber es gibt nach dem Krieg nicht nur den Wiederaufbau, sondern bald auch schon erste Neugründungen. Eine ist die Rheinwerft, die im März 1946 gegründet wird und Anfang 1947 unweit der Erdal am Ufer des Floßhafens den Betrieb aufnimmt. Angesichts der unzähligen versenkten oder schwer beschädigten Binnenschiffe und der zerbombten Werftanlagen rheinauf und rheinab ist so ein Unternehmen überlebenswichtig für Handel und Versorgung. Deshalb besorgen deutsche und französische Behörden auch das Material für die Helling, jene schräg abfallende Uferfläche, auf der die Schiffe gebaut und später mittels Spezialwagen und -winden zu Wasser gelassen werden. Schon im April 1948 ist die Werftanlage fertig. Zunächst geht es allerdings nicht um Neubauten, sondern um das Wiederflottmachen kriegsbeschädigter Schiffe. Auf der Helling können gleichzeitig sechs Schiffe a 100 Meter oder entsprechend mehr kleinere Kähne in Arbeit genommen werden.

Erst 1950 entsteht in der Rheinwerft der erste Neubau, es ist das kleine Motorgüterschiff „Ernst", aber schon bald werden in Mombach auch große Schiffe gebaut. Da ist etwa die

Firmen wie Schmahl – Maschinenfabrik, Kesselschmiede, Waggonbau – wurden im Wiederaufbau dringend gebraucht und erreichten neue Blüte.

„Rheingold", das einst schnellste Personenmotorschiff auf dem Strom, oder 1957 der Tanker „Piz Bernina" für die Schweiz. Der ist für einige Jahre der größte und schnellste Tanker auf dem Rhein und erhält mit „Piz Julier" und „Piz Magna" noch zwei Schwesterschiffe. 1961 läuft das erste Schubschiff für den Rhein vom Stapel, das die teils 1,5 Kilometer langen Schleppzüge ablösen soll.

Die bundesdeutsche Werftenkrise der 1970er Jahre übersteht die Rheinwerft nicht. Nachdem 1975 schon die Ruthof-Werft in Kastel schließt, die so viele bekannte KD-Dampfer wie „Goethe" und „Mainz" gebaut hat, kommt

Die Rheinwerft wurde 1946 gegründet, zunächst um die unzähligen versenkten Schiffe wieder instandzusetzen.

ein Jahr später das Aus für die 300 Mombacher Schiffbauer. Heute findet sich auf dem Gelände das Ceran-Werk von Schott. In den 70ern verschwindet auch die einstige Kesselschmiede Schmahl.

Bei der Waggonfabrik passt man sich nach dem Krieg dem Markt an. Nachdem die Phase der Reparaturen kriegsbeschädigter Bahnwaggons beendet ist, wird Mitte der 50er auch der Neubau für die Bundesbahn und andere Verwaltungen aufgegeben. 1958 endet mit dem ersten Gelenktriebwagen für die Mainzer Stadtwerke auch der Straßenbahnbau, aber einen Ersatz gibt es schon. Nach der Beteiligung von Klöckner Humboldt Deutz wird im Januar 1956 die Magirus-Deutz Omnibusproduktion von Ulm nach Mainz verlegt.

Die Mainzer Stadtwerke kaufen fast 20 Jahre lang Busse aus Mombach, doch damit ist Schluss, als der Fiat-dominierte Lkw-Verbund Iveco den Betrieb hier aufgibt. „Kein Bus mehr von Iveco" wird von OB Fuchs als Devi-

Die Rheinwerft baute 1964 das Labor- und Bereisungsschiff „Max Prüss" für das Land NRW, das 1999 durch einen gleichnamigen Neubau ersetzt wurde

Westwaggon-Werbung aus den 50ern, doch schon ab 1956 produzierte Magirus in Mombach Busse. Hier ein Magirus „Saturn" der Stadtwerke Mainz in der Bauhofstraße, im Hintergrund das 1963 erbaute Allianzhaus.

se ausgegeben, aber noch einmal finden die Mitarbeiter neue Beschäftigung. Denn die benachbarten Panzerwerke, die für die US-Army Heeresgerät instandsetzen, übernehmen das Gelände, eine Großzahl der Mitarbeiter und investieren zig Millionen. Zehn Jahre lang herrscht hier emsiger Betrieb, aber nach dem Ende des Kalten Krieges, als die USA viele Truppen abziehen, wird die Arbeit weniger und ein großes Konversionsprojekt scheitert. 1994 ist Schluss. Tausende Jobs fallen weg, bitter für die Arbeiter und Angestellten und deren Familien, bitter auch für die Stadt Mainz.

Blick nach Südwesten über die Felder zur „Chemisch", im Hintergrund ragt der Hartenberg auf.

225 Mombach 9

Fisch, Kaffee und Buttersäure

Als sich der Mainzer Stadtrat im Januar 1963 mit der Verunreinigung der Luft befasst, ist allen wohl bewusst, in welchem Zwiespalt man sich befindet. Einerseits ist man froh, dass sich nach Abtrennung der rechtsrheinischen Stadtteile 1945 zwischen Amöneburg und Gustavsburg, nun diesseits des Rheins bedeutende Industrien angesiedelt haben, andererseits weiß man um die Folgen. Denn neben der vorherrschenden Kohleheizung und dem wachsenden Autoverkehr sorgt auch die Industrie für die ständige Verschlechterung der Luft. Gesundheitsdezernent Karl Delorme (SPD) damals: „Die ständigen Klagen aus der Bevölkerung über Geruchsbelästigung und übermäßige Staubentwicklung lassen sich nicht länger überhören." Wenigstens die Bahn hat sich in Mainz seit der Elektrifizierung 1957 das Rauchen abgewöhnt. Fast.

Im Januar 1964 legt die Stadt nach Aufforderung durch den Stadtrat die Denkschrift „Reinhaltung der Luft im Mainzer Raum" vor. Darin geht es um die Fremdstoffe, die Gefahren, die Möglichkeiten zur Bekämpfung, die Maßnahmen im Mainzer Raum und natürlich um die Quellen der Luftverunreinigung. Und dabei steht Mombach bei den Emissionen der Industrie an erster Stelle. Bei der „Verunreinigung der Luft durch stark riechende Gase" wird eine chemische Fabrik hervorgehoben, bei der es sich um die damalige Degussa zwischen Hauptstraße, Liebigstraße und Bahn handelt.

Xanthate werden dort für den Gold- und Uranbergbau produziert, wobei Schwefelalkohole anfallen, die noch bei einer Verdünnung in der Luft von 1: 100.000.000 zu riechen sind. Weiter fallen bei der Thioaldehyd-Produktion „unangenehm riechende Gase" an, ganz vorn steht aber der Formaldehyd-Betrieb, in dem Rohstoff für Kunststoffe entstehen. Auch hier konstatiert der Bericht von 1964 „schon bei geringer Konzentration einen recht unangenehmen Geruch nach Fisch".

So unangenehm die Gerüche je nach Windrichtung für die Mombacher sind, so ist die „Chemisch", wie die Fabrik im Volksmund heißt, ein wichtiges Stück Industriegeschichte und trägt zur Entwicklung Mombachs bei. Schon seit 1860 produziert das Unternehmen am gleichen Standort: Nach der Gründung durch die Gebrüder Dietze bald als „Verein der chemischen Industrie" (VCI), weiter als Holzverkohlungswerk-Industrie" (HIAG), dann Jahrzehnte als Degussa-Betrieb, schließlich als Ineos Paraform und heute unter dem Namen „Prefere Paraform GmbH & Co."

Eine überaus spannende Firmengeschichte, die Dr. Peter Schalke, 40 Jahre lang technischer Chemiker bei Degussa und Ineos Paraform, in

Schon 1964 gab die Stadt Mainz diese Broschüre zur Luftreinhaltung heraus.

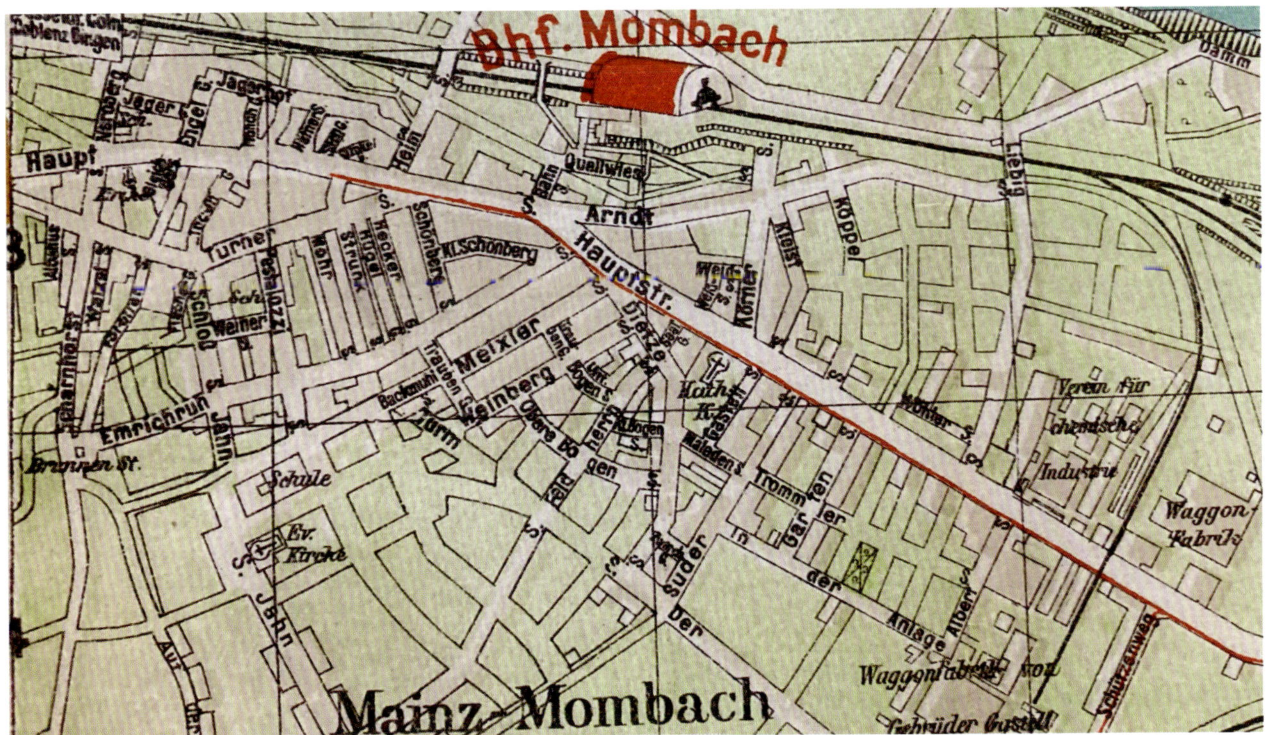

Plan vom Ende der 20er, rechts Waggonfabrik und Verein für chemische Industrie, später Degussa.

Die alten Fabrikanlagen der frühen Jahre, sehr schön das aus Bruchstein errichtete Gebäude.

Luftbild der Degussa von 1960, ganz unten verläuft die Hauptstraße

einem interessanten Buch im Selbstverlag aufgeschrieben hat.

Die Dietzes betreiben zunächst in Lorch im Rheingau das erste deutsche Holzverkohlungswerk, das Essigsäure, Methanol und Holzteer für neue chemische Prozesse herstellt. 1860 übernehmen sie zur Verarbeitung der flüssigen Produkte das Mombacher Unternehmen „Werner & Amelung", worauf die Gebrüder Werner mit dem Verkaufserlös „Werner & Mertz" gründen.

Mit dem Kauf wähnen sich die Dietzes, die selbst am Kästrich bzw. an der Ecke Schillerstraße/Große Bleiche (heutiger Sitz der AZ-Lokalredaktion) wohnen, auf der sicheren Seite, denn es liegt weit vor Mombach und weit genug von Mainz entfernt. Doch nach der Ausweitung der Festung gen Norden liegt die Fabrik plötzlich im Festungsrayon, was allerlei Beschränkungen bei den Bauten mit sich bringt.

Doch trotz dieses Rückschlages gelingt dem Unternehmen, das nach einem Zusammenschluss als „Verein für Chemie / VCI" firmiert, 1895 der entscheidende Durchbruch bei der

Blick über die Aue und das erst in der Entwicklung befindliche Industriegebiet am Floßhafen 1962.

Produktion von Formaldehyd. Das neue technische Verfahren ist heute noch weltweit Basis vieler Anlagen. Eine wichtige Rolle spielt dabei Julius Römheld (1823-1904), der schon 1849 den ersten Kokshochofen des Ruhrgebiets errichtet hat und zehn Jahre später zunächst in Weisenau die Gießerei Römheld & Mölle gründet. Er konstruiert den ersten Formaldehydreaktor für den VCI.

Bis 1920 hat der Mombacher VCI das deutsche Monopol auf die Chemikalie, doch dann setzen sich synthetische Verfahren durch. Dennoch bleibt bis heute die Formaldehydanlage Herzstück des Werkes. 2020 sagt Dr. Arno Knebel kamp , CEO Prefere Paraform: „Formaldehyd ist eines der mengenmäßig größten Produkte in der chemischen Industrie." Und immer noch würden die jährlich produzierten Mengen großteils über das Silber-Kontaktverfahren hergestellt, das hier entwickelt wurde: „Somit ist Mombach ein Platz in der Chemiegeschichte sicher."

Im Gegensatz zu 1964, als die städtische Denkschrift zur Luftreinhaltung noch über den Fischgeruch der Formaldehydproduktion die Nase rümpft, ist das heute nicht mehr oder eher selten der Fall. Aber es dauert lange, bis die Mombacher Industrie insgesamt beginnt, darüber nachzudenken, was den Menschen im Umfeld zuzumuten ist. Betroffen ist natürlich Mombach, aber je nach Windrichtung trifft es auch den Hartenberg, die Neustadt, Biebrich, Amöneburg und Kastel. Die Formaldehydproduktion ist ja nicht der einzige Duftspender. Lange gehört auch die Kläranlage dazu, dann Nestlé mit der Kaffeeröstung und die Cargill-Ölmühle, die Rapsöl herstellt. Dort verströmt die Trocknung der Rapssaat den strengen Geruch von Erbsensuppe. Ostwind bedeutet über Jahrzehnte eine Breitseite von der Rheinallee, bei Wind aus Südwest grüßt „die Chemisch".

Jahrzehntelang berichtet die AZ immer wieder über Belästigungen. „Verwesungsgestank aus Norden" oder „Gibt es kein Entrinnen aus der Bannmeile des Gestanks?" sind Schlagzeilen aus den 60ern, und Dr. Peter Schalk berichtet in seinem Buch, wie der Druck zunimmt. Die DKP habe die Schließung der Degussa gefordert, weil die Lebenserwartung niedriger sei als im restlichen Mainz, während man im Werk verzweifelt versucht, den Gestank in den Griff zu bekommen. Einige Produktionen werden ausgelagert, aber selbst wenn bei einem Produkt nur 0,5 Prozent Gestankstoff vorhanden sind, dann macht das bei 1000 Tonnen Produktion im Monat fünf Tonnen aus, „wobei sprichwört-

Das 1960 eröffnete Nestlé-Werk wird, obwohl es schwarze Zahlen schreibt, 2017 geschlossen.

lich jedes Molekül gerochen werden kann", so Dr. Schalke. Doch peu a peu sei es über die Jahrzehnte gelungen „das Geruchsmonster zu zähmen".
Jahrzehntelang kämpft auch der Ortsbeirat um bessere Luft, wie es schon Gesundheitsdezernent Delorme 1964 fordert, als er davon spricht, dass der „Blaue Himmel" über der Stadt erhalten bleiben müsse. Der Gesundheitsdezernent lehnt sich dabei an ein berühmtes Zitat von Willy Brandt an, der schon 1961 fordert, dass der Himmel über der Ruhr blau werden müsse und dafür von den Konservativen ausgelacht wird.
2013 stellen schließlich Nestlé, Cargill und die Ineos Paraform ein Investitionsprogramm gegen den Gestank vor. Die ersten beiden wollen unter anderem den regelmäßigen Ausstoß von Abdämpfen kondensieren und dadurch deutlich reduzieren, während der Formaldehyd-Hersteller eine plasmakatalytische Abluftreinigungsanlage einbaut, das vom EU-Life-Förderprogramm unterstützt wird.
Und tatsächlich greifen die Maßnahmen. Hat die AZ bis dahin regelmäßig über teils unerträgliche Geruchsbelästigungen berichtet, lässt das ab 2014 deutlich nach. Doch trotz dieser Erneuerung der Anlagen schließt Cargill 2016 seine Tore und Nestlé Ende 2017, obwohl das Werk kurz zuvor den größten Gewinn seiner Geschichte eingefahren hat – ein Verlust für den Industriestandort Mainz.
2018 und 2019 gibt es durch Ausfälle beim Formalaldehydwerk nochmals deutliche Belästigungen, teils über Tage, doch die Schäden werden behoben. Aber wie sagt die damalige SPD-Ortsvorsteherin Eleonore Lossen-Geißler bei Vorstellung der Investitionen 2013: „Wir werden Mombach nicht in einen Kurort verwandeln können."

Über Jahrzehnte war der Bau mit dem Nescafé-Schriftzug Blickfang, wenn man über die Rheinallee stadteinwärts fuhr.

Luftbild Anfang der 70er mit dem noch spärlich bebauten Gebiet zwischen Bahn und Rheinallee. Unten die Kläranlage, links neben der Nestlé-Brücke (heute Kreisel) das Nestlé-Werk, daneben die Ölmühle.

Gonsenheim in den 30ern. Links Straßenzug Marien-/Grabenstraße, rechts Kloster-/Hauptstraße.

226 Gonsenheim 1

Vom Straßendorf zum Villenvorort

Gonsenheim ist kein Stadtteil, der großen Mangel leidet, und am geringsten ist jener an Selbstbewusstsein. Ortschronist und Historiker Hermann-Dieter Müller schreibt einmal vom „schönsten Vorort" und die Liedzeile „Mir Gunsenumer sin´ die scheenste Leit´" ist auch hinlänglich bekannt. Aber das sei ihnen vergönnt, zumal es sich zwischen Gonsbachtal und Lennebergwald, altem Ortskern und Villenviertel tatsächlich gut leben lässt. Ein schöner, spannender Stadtteil, das zeigen die nun folgenden Stadtspaziergänge vom Kleinen und dem Großen Sand über die Bruchspitze, die Kasernen und das Gonsbachtal nach Alt-Gonsenheim und weiter.

Wie gesagt, an Selbstbewusstsein mangelt es nicht, und dennoch macht sich Gonsenheim ein kleines bisschen jünger. Denn als Geburtstag, das ist gemeinheim die erste Erwähnung eines Ortes meist in alten Urkunden, wird der

Karte 1910. Die schwarzweiße Linie, die von rechts diagonal das Münchfeld quert, ist die Dampfbahn.

30. Mai 775 gefeiert, dabei steht längst der 13. November 774 im Raum. Peter Krawietz zitiert 1986 in „Gonsenheimer Geschichte und Geschichten" das entsprechende Dokument aus dem fuldaischen Urkundenbuch, ebenso Rita Heuser im Standardwerk „Namen der Mainzer Straße und Örtlichkeiten". Dennoch feiert Gonsenheim seinen 1225. Geburtstag nicht Ende 1999, sondern im Mai 2000.
Kulturdezernent Krawietz, vormals Ortsvorsteher, umgeht in seiner damaligen Rede die Datumsdifferenz mit dem augenzwinkernden Hinweis, dass der Ort bei der Ersterwähnung ohnedies viel älter gewesen sei.
Nichtsdestotrotz stellt sich die Frage, wann die Gonsenheimer ihren nächsten runden Geburtstag, immerhin den 1250sten, feiern. Korrekterweise im November 2024 oder lieber im schönen Mai 2025? Vielleicht spielt das Wetter eine Rolle? Die Queen feierte ihren Geburtstag statt im April ja auch immer erst im Juni ...
Besagte Urkunde zur Schenkung allerlei Besitztümer ans Kloster Fulda lässt Karl, König der Franken und Langobarden sowie Patricius der Römer, 774 vom Kanzleibeamten Egilbertus ausfertigen. „Im Wormsgau ... im Umkreis der Stadt Mainz: 25 Wohnstätten, 66 Sklaven, 16 Liten (halbfreie Bauern) und Weinberge ... und in einer vierten Gegend, nämlich in Guntzinheim, eine Wiese." Namensgeber sei ein Gunzo, so Rita Heuser, abgeleitet vom Begriff Kämpfer, was für Peter Krawietz das kämpferische Wesen der Gonsenheimer erklärt.
Von Gunzo wird auch der Gonsbach abgeleitet oder die Gonsmühlen im Tal. Nur der vor ein paar Jahren auf dem Auto-Kraft-Gelände errichtete „Gonsberg"-Campus ist ein neuzeitlicher Sprachpups. Andererseits: Er dient ja Business und Kreativen mit Studio, Loft, Lounge und Creative Cube, da gehts auch albern.
Doch zurück in die Vergangenheit um 1800, als Gonsenheim nur ein Straßendorf ist, das zur Hälfte der Kirche gehört und sich beiderseits der einzigen großen Straße aufreiht. Das ist die Hauptstraße, seit Ende der 1960er-Jahre Mainzer Straße, die sich in Kloster- und Pfarrstraße verzweigt, in deren Gabelung das prächtige Rathaus liegt. Der Ort verfügt zwar immerhin über zwei Stadttore, aber ein Renaissancebau im bäuerlichen Straßendorf?

Das Finther Tor an der Klosterstraße ist eines von zwei Stadttoren, das andere war etwa am Mainzer Hof.

Die Front mit Rollwerksgiebeln und Zierobelisken wirkt wie eine kleine Ausführung der Giebel auf den Seitenrisaliten des Schönborner Hofs in der Schillerstraße.
Im Süden liegt gleich hinter den Häusern der Hauptstraße und deren Gärten der überschwemmungsträchtige Gonsbach, weshalb sich der Ort aus der Talaue nur nach Norden hin zur Hauptterrasse ausdehnen kann. Und so beginnt nach 1830 langsam die Entwicklung Gonsenheims vom Bauerndorf zum heute größten Mainzer Stadtteil, der sich übersichtlich in die vielen Entwicklungsfelder und Linien einteilen lässt: Der mittelalterliche Ort, das Arbeiterviertel, kleines und großes Villenviertel, Kaserne und Finnensiedlung, Franzosenhäuser, Gleisberg, Siedlerbauten, Verdichtung der 60er, Wildpark und schließlich die Konversionsviertel auf den ehemaligen Militärliegenschaften. Es gibt viel zu entdecken.
Nach 1830 wird erst die Grabenstraße parallel oberhalb der Hauptstraße angelegt, aber als in Mainz und Mombach in den 1840ern langsam die Industrialisierung einsetzt, wandern auch in Gonsenheim Arbeiter zu, für die an der Engelstraße entsprechend einfache Häuser entstehen.

Das Rathaus ist ein schöner Renaissancebau mit Rollwerksgiebeln und Zierobelisken. Rechts die in den 70ern abgerissene „Krone" und der „Löwe".

Seit 1871 hat Gonsenheim Bahnanschluss, kann sich bei der Linienführung nach Alzey gegen eine Alternativroute via Hechtsheim durchsetzen.

Die größten Entwicklungsschübe für den Ort kommen im 19. Jahrhundert auf Schienen daher, zunächst 1871 mit der Strecke Mainz-Alzey. Sie verläuft im Gonsbachtal hochwassersicher am südlichen Hang, bringt nicht nur bessere Absatzchancen für Obst und Gemüse sowie eine bessere Belieferung von Bauern, Gewerbe und Handel, sondern auch günstige Verbindungen für die Arbeiter in die Stadt. Das wiederum beschleunigt den Zuzug, aber so ist das überall im 19. Jahrhundert, wenn die stählernen Stränge ins Land ausgreifen.

Der nächste Schienenweg erreicht Gonsenheim 1892. Während in anderen Städten schon elektrische Straßenbahnen rollen, gibt Mainz einem Konsortium den Zuschlag für eine Dampfstraßenbahn. Eine Linie führt vom Fischtorplatz über Zahlbach und Bretzenheim nach Hechtsheim, die andere nach Finthen.

Bis Gonsenheim verläuft die Strecke ganz anders als heute: Die Saarstraße hoch, entlang der heutigen Straße An der Allee übers Münchfeld, unterhalb der heutigen Dijonstraße bis kurz vor den Bahnhof, wo die Kastendampfloks mit meist vier Personenwagen die Alzeyer Strecke in einem heute noch existierenden Tunnel

Die Züge der Dampfbahn wurden von verkleideten Dampflokomotiven gezogen, sogenannten Kastenlok. In der Qualm- und Rauchentwicklung standen sie großen Dampflok wenig nach.

F	080030	20 Pf.

Mainzer Localbahnen.

Fahrschein,

gültig zur einmaligen Fahrt auf der Strecke

Münsterplatz-Leniaberg.

Dieser Schein ist nur gültig für die Person u. Fahrt, für welche er gelöst wurde. Derselbe ist während der Fahrt aufzubewahren u. den revidirenden Beamten auszuhändigen.

(Siehe Rückseite.) 8. 1. 95.

Ein Fahrschein der Dampfbahn. Die Haltestelle Leniaberg lag an der Kreuzung mit der Heidesheimer Straße.

unterquert. Weiter geht es durch die Talaue an der Ölwiese entlang zum eigenen Bahnhof auf dem heutigen Josef-Ludwig-Platz und weiter auf die Breite Straße. Ab Fischtor braucht man bis zur Schule 32, ab Münsterplatz 21 bis 23 Minuten.

Doch so praktisch die Verbindung mit bis zu 30 Zügen in jede Richtung und einem eigenen Marktzug ist, so gern wird geschimpft. Besonders in besseren Straßen über die Belästigung durch Qualm, Ruß und Lärm, aber auch die Fahrgäste nörgeln.

Drei Tage vor Einweihung der elektrischen Bahn im Juni 1907 lässt sich der „Mainzer Anzeiger" über die Dampfbahn aus, etwa über die „Romantik", die sich an trüben, feuchten Wintertagen in den Wagen breit mache: „Drinnen geht dem, der empfänglich ist für die Poesie dieser Scheußlichkeit, das Herz auf, wenn die schwälenden Petroleumlampen und die immer rauchenden Öfen ihre Wohlgerüche mit dem zarten Parfüm vereinen, das den nassen Kleidern entströmt." Solche Empfindungen vermöge eine Fahrt in der Elektrischen nicht wachzurufen, und neidisch werde deshalb mancher Fahrgast, der glatt und flott durchs Tal dahingleitet, nach der Höhe schauen, „wo die Dampfbahn, in einen dicken Mantel von Qualm und Ruß gehüllt, wie ein mittelalterlicher Spuk, sich pustend und fauchend vorwärts rackert".

Doch die Dampfbahn bleibt unentbehrlich, vor allem fürs einfache Volk, denn sie ist viel billiger als die „Elektrisch". In Harald Neises Buch „Mainz und seine Straßenbahn" lassen sich die Tarife vergleichen: So gibt es bei der Dampfbahn eine 6-Tage-Arbeiter-Wochenkarte zu 80 Pfennige, also etwa 2,80 Mark im Monat, während die Straßenbahn Ermäßigungen nicht kennt und rund das Vierfache kostet. Erst 1914

VI. Blatt **Süddeutsche Eisenbahn-Gesellschaft.** Entwurf Sommer 1908.

Mainzer Vorortbahnen. Fahrplan vom 1. Mai 1908 ab bis auf Weiteres.

Ia. Finthen—Gonsenheim—Mainz.

	Stationen.		W 35	W 37	39	41	43	47 u.	49	51	53	57	61	65	S 105	69	73	77	79	81	83	S 107	85	F 87
0,00	Finthen	Abf.	5^{00}	5^{35}	6^{08}	7^{16}	7^{50}	9^{16}	10^{18}	11^{18}	12^{18}	1^{18}	2^{18}	3^{18}	3^{48}	4^{18}	5^{18}	6^{18}	6^{48}	7^{18}	7^{48}	8^{18}	8^{52}	9^{58}
2,42	Gonsenheim Leniaberg	„	5^{07}	5^{42}	6^{15}	7^{23}	7^{57}	9^{23}	10^{25}	11^{25}	12^{25}	1^{25}	2^{25}	3^{25}	3^{55}	4^{25}	5^{25}	6^{25}	6^{55}	7^{25}	7^{55}	8^{25}	8^{59}	10^{05}
2,81	Gonsenheim Post (Schule)	„	5^{09}	5^{44}	6^{17}	7^{25}	7^{59}	9^{25}	10^{27}	11^{27}	12^{27}	1^{27}	2^{27}	3^{27}	3^{57}	4^{27}	5^{27}	6^{27}	6^{57}	7^{27}	7^{57}	8^{27}	9^{01}	10^{07}
3,74	Gonsenheim Kriegerdk.	„	5^{14}	5^{49}	6^{22}	7^{30}	8^{03}	9^{29}	10^{31}	11^{31}	12^{31}	1^{31}	2^{31}	3^{31}	4^{01}	4^{31}	5^{31}	6^{31}	7^{01}	7^{31}	8^{01}	8^{31}	9^{06}	10^{11}
6,75	Mainz Kirchhöfe (Bingerschlag)	„	5^{24}	5^{59}	6^{32}	7^{40}	8^{12}	9^{39} u.	10^{40}	11^{40}	12^{40}	1^{40}	2^{40}	3^{40}	4^{10}	4^{40}	5^{40}	6^{40}	7^{10}	7^{40}	8^{10}	8^{40}	9^{14}	[illegible]
7,47	Mainz Münsterplatz	„	5^{30}	6^{03}	6^{38}	7^{46}	8^{18}	9^{44}	10^{46}	11^{46}	12^{46}	1^{46}	2^{46}	3^{46}	4^{16}	4^{46}	5^{46}	6^{46}	7^{16}	7^{46}	8^{16}	8^{46}	9^{20}	10^{26}
9,25	Mainz Fischtor	Ank.	5^{42}	6^{15}	6^{50}	7^{58}	8^{30}	9^{57}	10^{58}	11^{58}	12^{58}	1^{58}	2^{48}	3^{48}	4^{28}	4^{58}	5^{58}	6^{58}	7^{28}	7^{58}	8^{28}	8^{58}	9^{32}	10^{38}

b. Mainz—Gonsenheim—Finthen.

	Stationen.		W 38	40	42	44	48 u.	50	52	54	58	S 102	62	S 104	66	S 106	70	74	W 76	78	80	84	86	F 88
0,00	Mainz Fischtor	Abf.	6^{20}	6^{52}	8^{00}	8^{32}	10^{00}	11^{00}	12^{00}	1^{00}	2^{00}	2^{30}	3^{00}	3^{30}	4^{00}	4^{30}	5^{00}	6^{00}	6^{30}	7^{00}	7^{30}	8^{30}	9^{40}	10^{42}
1,78	Mainz Münsterplatz	„	6^{32}	7^{04}	8^{12}	8^{44}	10^{12}	11^{12}	12^{12}	1^{12}	2^{12}	2^{42}	3^{12}	3^{42}	4^{12}	4^{42}	5^{12}	6^{12}	6^{42}	7^{12}	7^{42}	8^{42}	9^{52}	10^{54}
2,50	Mainz Kirchhöfe (Bingerschlag)	„	6^{38}	7^{10}	8^{18}	8^{50}	10^{18} u.	11^{18}	12^{18}	1^{18}	2^{18}	2^{48}	3^{18}	3^{48}	4^{18}	4^{48}	5^{18}	6^{18}	6^{48}	7^{18}	7^{48}	8^{48}	9^{58}	11^{00}
5,51	Gonsenheim Kriegerdk.	„	6^{47}	7^{20}	8^{27}	8^{59}	10^{28}	11^{27}	12^{27}	1^{27}	2^{27}	2^{57}	3^{27}	3^{57}	4^{27}	4^{57}	5^{27}	6^{27}	6^{57}	7^{27}	7^{57}	8^{57}	10^{07}	11^{09}
6,44	Gonsenheim Post (Schule)	„	6^{51}	7^{25}	8^{32}	9^{03}	10^{33}	11^{31}	12^{31}	1^{31}	2^{31}	3^{01}	3^{31}	4^{01}	4^{31}	5^{01}	5^{31}	6^{31}	7^{01}	7^{31}	8^{01}	9^{01}	10^{11}	11^{13}
6,83	Gonsenheim Leniaberg	„	6^{53}	7^{27}	8^{35}	9^{05}	10^{35}	11^{33}	12^{33}	1^{33}	2^{33}	3^{03}	3^{33}	4^{03}	4^{33}	5^{03}	5^{58}	6^{33}	7^{03}	7^{33}	8^{03}	9^{03}	10^{13}	11^{15}
9,25	Finthen	Ank.	7^{00}	7^{34}	8^{42}	9^{12}	10^{42}	11^{40}	12^{40}	1^{40}	2^{40}	3^{10}	3^{40}	4^{10}	4^{40}	5^{10}	5^{40}	6^{40}	7^{10}	7^{40}	8^{10}	9^{10}	10^{20}	11^{22}

Ausserdem wird an folgenden Punkten regelmässig gehalten, in Mainz: Holländischer Hof, Bauhofstrasse, Neuer Brunnen, Zentralbahnhof und in Gonsenheim am Waldschlösschen; ferner nach Bedarf bei Königsborn.

Münsterplatz-Leniaberg via Münchfeld 1908 in 21 bis 23 Minuten, heute gehts fünf Minuten rascher.

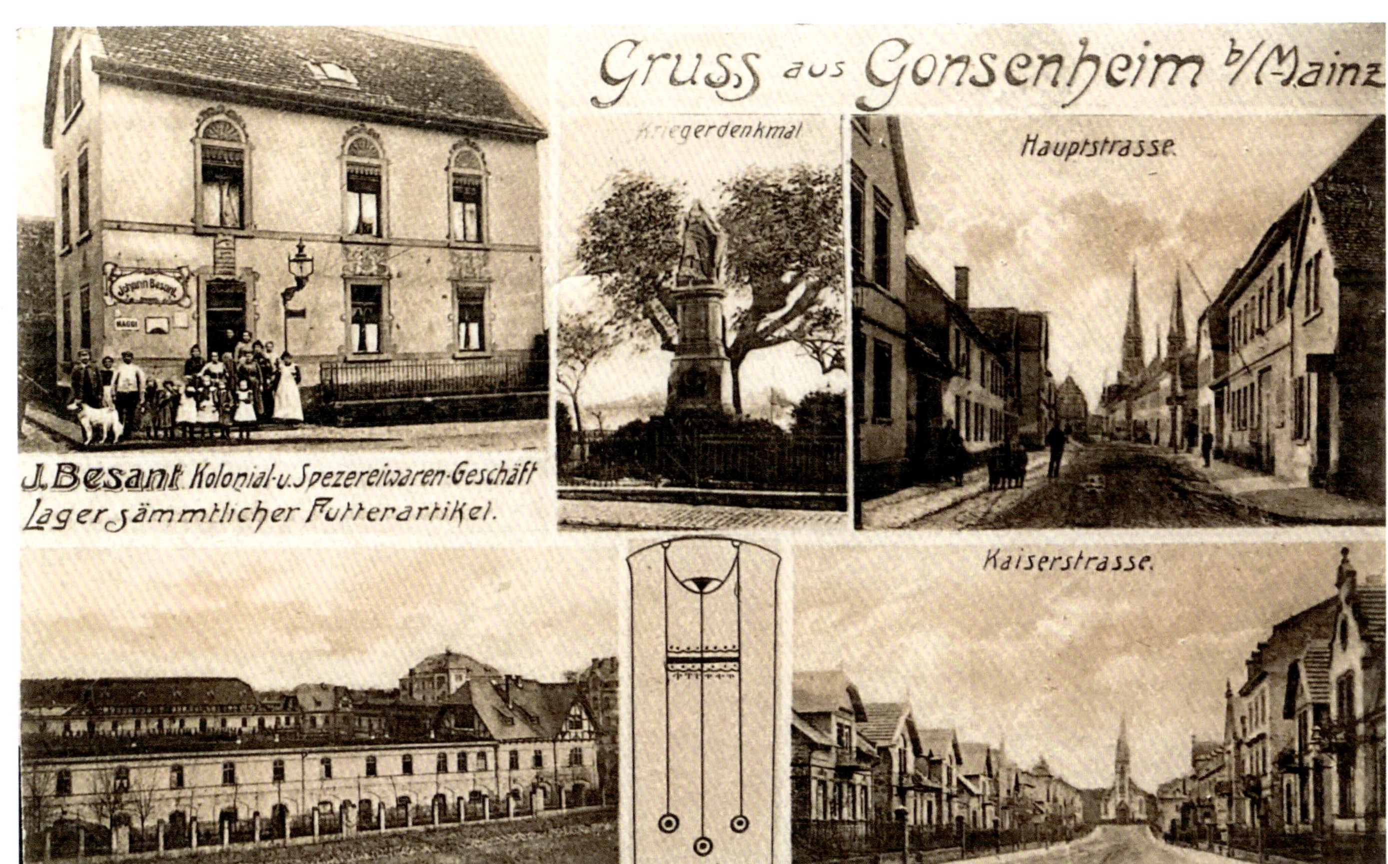

Diese Postkarte wurde für Kolonialwaren- und Fouragehändler Besant, Grabenstraße 45, produziert. Das Kriegerdenkmal stand einst der Mainzer Straße gegenüber des heutigen Gonsenheimer Hofs. Die Hauptstraße ist heute die verlängerte Mainzer Straße, die Kaiserstraße ab 1945 die Breite Straße.

kommt ein günstiger Tarif ohne Einschränkungen.

Die Elektrisch soll die Gonsenheimer in die Mainzer Arme locken, das sich nach 1900 durch Eingemeindungen ausdehnen möchte. Mombach, Kastel und Kostheim wenden sich zwischen 1907 und 1913 nach teils langjährigen Verhandlungen Mainz zu, aber Gonsenheim mag nicht. Denn binnen 100 Jahren ist aus dem Straßendorf eine der wohlhabendsten Gemeinden im Kreis geworden. Die Zahl von 1100 Einwohnern verfünffacht sich in dieser Zeit und seither bis heute nochmals auf über 25000 Einwohner.

Gonsenheim ist ab den späten 1870er-Jahren nicht nur wohlhabend, sondern auch moderner geworden. Noch 1866 gibt es im Ort 99 Cholera-Tote, zwanzig Jahre später allerdings nochmals sechs, denn trotz der Modernität in vielerlei Hinsicht steht es beim Wasser und der Hygiene nicht zum Besten. Ein Experte attestiert, dass die Schachtbrunnen oft in „unreinlicher Umgebung" stehen. 1900 erhält Gonsenheim eine Wasserversorgung mit Tiefbrunnen und einen Wasserbehälter an der Grenze nach Finthen.

1885 wird die erste Straßenbeleuchtung mit 21 Petroleumkandelabern installiert, bevor man 1904 auf Gas umsteigt. Am Hemel / Im Niedergarten entsteht das Gaswerk, das wegen der Kohlelieferungen an der Bahn gebaut wird. Ab 1911 liefert Mainz Strom, und bietet 1927 einen so günstigen Gaspreis, dass die Gonsenheimer ihr Werk stilllegen. Die Bindungen mit Mainz werden immer enger, aber Gonsenheim widersteht dem Werben.

Die Regimenter waren stolz, bei der Kaiserparade dabei sein zu können.

227 Gonsenheim 2

Manöver, Paraden, Flugpioniere und Hinrichtungskommandos

Der Große Sand ist kein liebliches Stück Natur, jedenfalls nicht beim ersten Hinsehen. Mehr beim Blick aufs Detail. Dann offenbart sich nicht nur eine vielfältige Flora, sondern auch eine von großer Seltenheit – von Frühlings-Adonisröschen, Büschel-Gipskraut und blaugrünem Faserschirm, die stark gefährdet sind, bis zu Sand-Radmelde, Roter Schwarzwurzel und Sand-Lotwurz, die vorm Aussterben stehen. Verletzliche Natur, 200 Jahre vom Militär zerpflügt. Aber selbst wenn es widersinnig klingt: Dass es das nacheiszeitliche Binnendünengebiet noch gibt, ist auch dem Militär zu verdanken.

Ab 1798 werden Soldaten hier geschunden, gellen scharfe Kommandos, krachen Geschütze und Gewehrsalven. Revolutionäre wie napoleonische Franzosen wühlen sich durch den Sand, später Österreicher, Preußen und Hessen, bis 1918 die Franzosen wiederkehren und 1936 die Wehrmacht kommt, dann wieder die Franzosen und ab 1951 die Amerikaner.

Beim dritten Mal bleiben die Franzosen nicht so lang, während sich die US-Panzer jahrzehntelang mit schweren Ketten durch den Sand mahlen ... Hätte man nicht stets Bäume und Büsche für freies Schussfeld entfernt, wäre der Große Sand längst Wald. Dass selbst Panzerketten helfen, das Ökosystem zu erhalten, zeigen auch andere Truppenübungsplätze, die ebenso großen Artenreichtum verzeichnen.

Berühmt wird der Große Sand aber nicht durch die Plackerei der Soldaten, sondern durch farbenprächtiges Militärspiel – die Kaiserlichen Paraden und Truppenschauen zu Zeiten von

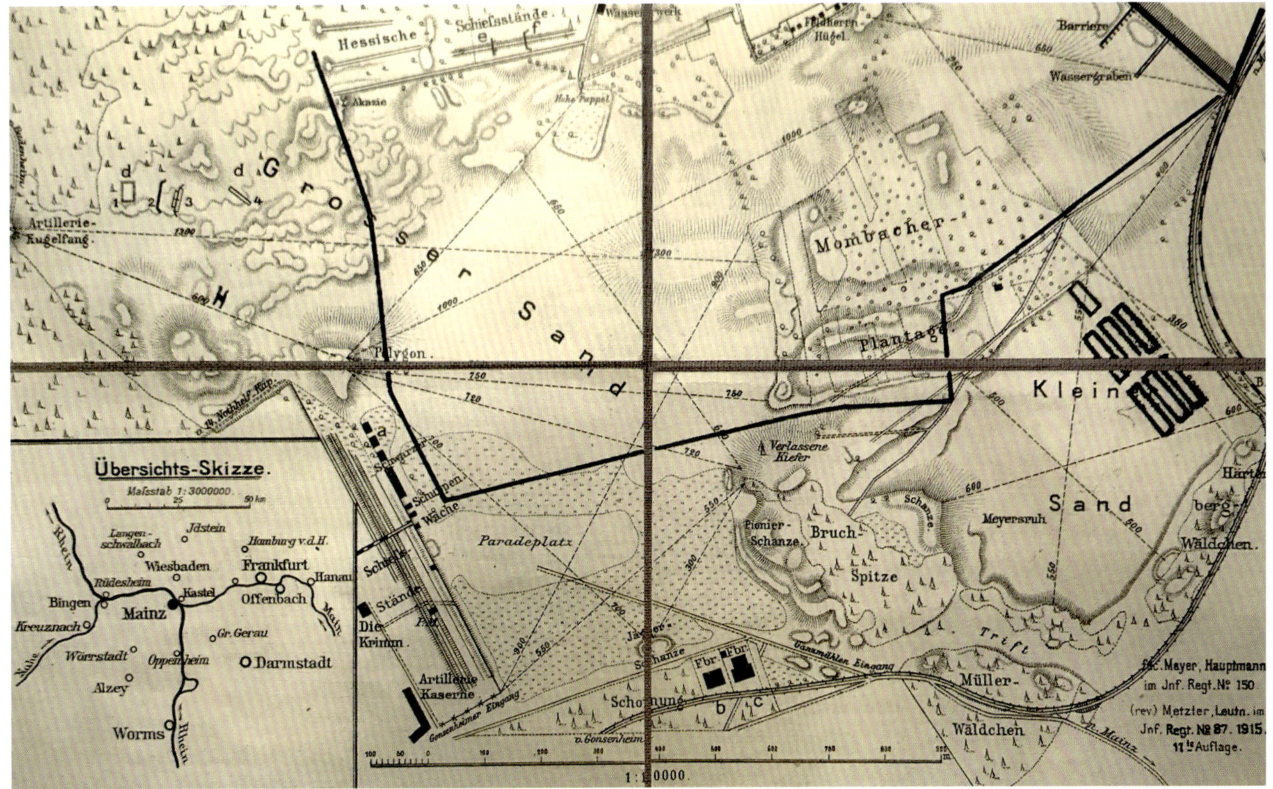

Karte des Exerzierplatzes Kleiner und Großer Sand. Ganz rechts am Rand beim Buchstaben B gegenüber den nachträglich eingezeichneten Hallen der Franzosen (später Panzerwerk), lag der Kaiserbahnsteig. Die Karte ist auf Leinen aufgezogen, das große graue Kreuz sind die Falze.

Wilhelm II. Ursprünglich finden sie in Mainz auf Schlossplatz oder Kaiserstraße statt, denen auch der erste Kaiser, Wilhelm I., 1871 und 1877 beiwohnt. Wilhelm II. verlegt bei seinem ersten offiziellen Mainz-Besuch 1898 das Spektakel auf den Sand.

Schöne Litho-Ansichtskarte von einer der Kaiser-Paraden.

Kaiser Wilhelm II. am 25. August 1906 auf dem Großen Sand.

Der Kaiser kommt stets im Hofzug, der am Bahnwärterposten Nr. 39 an der Alzeyer Strecke hält. Der liegt oberhalb der Waggonfabrik, dort wo der Hartmühlweg die Bahn quert. Bis vor wenigen Jahren findet sich dort noch der für den Kaiser gebaute Bahnsteig, der Gonsenheim die Ehre eines wenigsten klitzekleinen „Kaiserbahnhofs" zu Teil werden lässt, womit sich sonst Bad Homburg oder Potsdam schmücken. Gegenüber dem Ausstieg, auf dem Kleinen Sand, steigt der Kaiser in einem Pavillon aufs Pferd. Der Sichtschutz soll möglicherweise verbergen, dass er durch den seit Geburt behinderten linken Arm nicht leicht aufsteigen kann.

Von einer Fahrt „Ihrer Majestäten des Kaisers und der Kaiserin sowie Seiner Königlichen Hoheit des Prinzen Oskar von Preußen" vom August 1909 ist der Fahrplan enthalten:

„Mittwoch, den 18. ab Wilhelmshöhe abends 11 Uhr ... an Mainz (Wärterbude 39 Linie Mainz-Alzey) 8 Uhr. Kein Empfang. An der Haltestelle steigen Ihre Majestät zu Pferde. Truppenbesichtigung auf dem Großen Sande. Nach Besichtigung reiten Seine Majestät an der Spitze der Truppen nach dem Großherzoglichen Schlosse in Mainz. Um 1 Uhr Frühstück im Großherzoglichen Schlosse. Nach demselben begeben Seine Majestät sich mit Automobil nach Cronberg und nehmen Absteigequartier im Schlosse Friedrichshof." Die Kinder haben schulfrei. „Zwischen Kleinem und Großem Sand standen die Kinder in Scharen, schwarzweißrote Fähnchen schwenkend mit großer Begeisterung und viel Hurra", erinnert die AZ am 27. Januar 1959, Wilhelms 100. Geburtstag.

Da es die feldgraue Kriegsuniform erst 1914 gibt, sind Manöver und Paraden ein farbenprächtiges Spektakel. Eigentlich. Denn der sandige Untergrund soll bei Kaiserwetter viel Staub aufgewirbelt, die Sicht vernebelt haben. Ob's stimmt? Oder nur wieder ein Anekdötchen, das man „Willem" anhängt? So wie die Mainzer gern behaupten, man habe mit Preußens und dem Kaiser wenig am Hut gehabt. Wer sind dann aber all die jubelnden Leute, die seinen Weg nach Mainz säumen? „Der Kaiser ritt neben dem Großherzog an der Spitze von Fahneneskorte und Standarteneskadron mit großem Gefolge in die geschmückte Garnison zurück, wo er im Deutschen Haus (Großherzogliches Schloss) abzusteigen pflegte", heißt es.

Der Mainzer Flugzeugpionier Jakob Goedecker und die Pilotin Charlotte Möhring mit ihren Flugmaschinen. Zwei Vignetten werben für den Zuverlässigkeitsflug 1912 und den Flugplatz Großer Sand.

Das Militär ist allgegenwärtig, aber das Areal dient auch friedlicher Nutzung. 1909 gründet der 29-jährige Jacob Goedecker, Sohn einer Mainzer Fabrikantenfamilie, Ingenieur und Junkers-Schüler, die „J. Goedecker Flugmaschinenwerke". Er baut seine Flugzeuge erst in einer Niederwallufer Werft, lässt sie per Fähre nach Budenheim und weiter zum Flugplatz auf dem Sand bringen. Erst 1912 errichtet Goedecker hier eine Halle.

Bei ihm erwirbt ein junger Niederländer die Pilotenlizenz, wird Werkspilot und Fluglehrer, der später ein weltberühmter Flugzeugkonstrukteur wird: Anthony Fokker. Während Goedeckers Firma zu klein ist, um im Krieg Militärmaschinen bauen zu dürfen, reüssiert Fokker mit der in Berlin-Johannisthal 1912 gegründeten „AHG Fokker Aeroplanbau". Er konstruiert den Fokker Dr.1 Dreifachdecker, mit dem Jagdflieger Manfred von Richthofen als „Roter Baron" 1917 weltberühmt wird.

Goedecker ist nicht die einzige Flugzeugschule auf dem Großen Sand: Hans Grade aus Magdeburg, der den deutschen Pilotenschein Nr. 2 hat, eröffnet hier eine Dependance. Für ihn fliegt mit Charlotte Möhring die zweite deutsche Pilotin. Der Mainzer Ruf als Fliegerstadt lockt ab 1911 auch Veranstaltungen an. So ist Mainz Station des 1. Deutschen Zuverlässigkeitsfluges 1911, ebenso 1912, dazu gibt es große Flugschauen.

Auch eine Weltpremiere findet hier statt, die

Weltpremiere auf dem Sand: Mit Doppeldecker „Gelber Hund und Luftschiff LZ 10 „Schwaben" wird erstmals Luftpost befördert.

Das französische Luftbild aus den 20ern zeigt unten diagonal die heutige Elbestraße mit einem Straßenbahntriebwagen, während auf dem anderen Bild französische Kavallerie über den Übungsplatz galoppiert.

Soldaten des Infanterie-Regiments 87 marschieren An der Bruchspitze entlang, über ihnen die französischen Hallen von 1920, ab 1951 Panzerwerke.

erste Beförderung von Luftpost. Für eine Benefizaktion der Großherzogin werden Postkarten verkauft, die zwischen Frankfurt, Darmstadt, Mainz und Worms mit Zeppelin-Luftschiff LZ 10 „Schwaben" und Doppeldecker „Gelber Hund" befördert werden, insgesamt 460.700 Flugpostkarten.

Nach 1918 gilt für Deutsche ein Flugverbot, nun nutzen die Franzosen den Platz und über den Großen Sand jagt ihre Kavallerie. Der Flugbetrieb bleibt aber nur ein paar Jahre. denn die Flugbedingungen erscheinen den Besatzern nicht ideal, weshalb sie die Flieger nach Wackernheim verlegen. 1938 baut die Wehrmacht auf einem Teil des Geländes die Kathen-Kaserne (mehr in Folge 230).

Die auf der Karte vom Großen Sand auf Seite 67 links oben zu sehenden Schießstände sind bis Kriegsende Ort von Verbrechen. Etwa da, wo heute die Elsa-Brändström-Straße liegt, werden deutsche Soldaten und ausländische Zwangsarbeiter hingerichtet.

Die Soldaten führt meist „Wehrkraftzersetzung", ein simples „Der Krieg ist verloren" oder ein Hitlerwitz vor Feldgericht und Hinrichtungs-Peloton im Schießstand 6. Letztes Opfer ist Obergrenadier Clemens K. am 26. Februar 1945.

Die Panzerwerke in den 60ern, Mittelpunkt sind die sechs großen Hallen, darüber die Teststrecke.

228 Gonsenheim 3

Panzerwerke: die militärische Job-Maschine

Für Fahrgäste der Straßenbahnlinie 10 oder 11 sind Panzer über Jahrzehnte ein vertrauter Anblick. Auf dem Weg in die Stadt, an der Bruchspitze, erheben sich einst linker Hand oberhalb einer kleinen Böschung hohe Hallen, vor denen aufgereiht in Reih und Glied das schwere Kriegsgerät steht. Und manchmal muss die Straßenbahn auch halten und warten, wenn von der Bahnlinie nach Alzey über ein Anschlussgleis ein Güterzug die Straße kreuzt, beladen mit Kettenfahrzeugen, ihr Ziel – die Panzerwerke.

Dort, wo einst die kantigen Schützenpanzer M-113, die M-109/110-Haubitzen mit Kaliber 155 oder 203 Millimeter und die Kampfpanzer M-48 und M-60 zerlegt und repariert werden, stehen heute friedlich, aber nicht weniger stramm in Reih und Glied die Riegelbauten der

Der 3000. ausgebesserte M 60 wird gebührend gefeiert.

Gonsbachterrassen. Nichts erinnert mehr an die Zeiten des kalten Krieges, an die US Army und an die tausenden, teils hochqualifizierten Jobs, die es hier viele Jahrzehnte lang gibt.
Die militärische Nutzung des Areals ist aber sehr viel älter, die Bebauung geht bis in die 20er Jahre zurück, als hinter dem Kirchenweg (später Turmstraße) eine Kaserne für die französische Besatzungsarmee erbaut wird. Die riesigen Hallen existieren seit den späten 1920ern, und 1951 entsteht dort für die 7. US-Armee ein Instandsetzungsbetrieb, später der größte der US-Army in Europa.
Gelände und Gebäude sind Bundeseigentum und werden an die US-Armee verpachtet, für die ab 1953 eine deutsche Vertragsfirma – die Braunschweiger Luther-Werke – den Betrieb mit deutschem Personal führt. Kommando hat ein US-Offizier, meist im Range eines Oberstleutnants, mit wenigen Soldaten und einigen

Die Panzerwerke in ihren frühen Tagen in den 50ern, links oben die Siedlung mit den um 1949 erbauten Franzosenhäusern.

Eingang zum „United States Army Ordnance Plant Mainz" in den 50ern. Aus jener Zeit dürfte auch das Bild der Offiziersgattinnen mit Pumps vorm kantigen Schützenpanzer stammen, während Generalmajor Westphalinger, Kommandeur des US-Hauptquartiers für Westeuropa, im März 1962 die Panzerwerke besucht. Sein Dienst-Triebwagen fährt direkt aufs Gelände.

Beamten des Washingtoner Armeeministeriums.

Der Job ist die Reparatur, vor allem aber die Inspektion von Panzerfahrzeugen der US-Amy, später auch von britischer Rheinarmee und Bundeswehr. Bei Panzern ist die Inspektion

M 60 Kampfpanzer und M 113 Schützenpanzer auf Halde. Im Hintergrund der einst größte Gaskessel Europas auf der Ingelheimer Aue.

nach 4000 bis 5000 Meilen fällig und kommt dann einer Generalüberholung gleich. 2400 Arbeitsstunden und 24000 Dollar kostet das Ende der 60er Jahre für einen M-60, der einen Neuwert von rund 175000 Dollar hat – bei dem damals lange Zeit stabilen Kurs von 1:4 umgerechnet 700000 DM.

Am Tag verlassen 1968 zwei bis drei Kettenfahrzeuge das Werk, auf dessen riesigem Werksgelände, das bis hinüber zu den Lee Barracks reicht, immer 150 bis 200 Panzer stehen. Für viele Jungs, die sich damals noch ganz ohne Berührungsängste für Militärtechnik interessieren, ein spannender Anblick.

Hinter den Hallen, etwa an der heutigen Karlsbader Straße gibt es ein eigenes Testgelände, auf dem die generalüberholten Panzer von einem Techniker des US-Armeeministeriums gründlich geprüft werden. „Die Testfahrt geht über steile Hügel und eine raue, kurvenreiche Betonstrecke mit der Stundengeschwindigkeit von 40 Meilen", heißt es in einer Reportage für die Standortzeitung „The COMZb Chronicle" 1968: „Außerdem muss unser Panzer durch eine Badewanne fahren, wobei seine Wasserdichtigkeit getestet wird."

Weiter heißt es: „Die Kommandeure der in Deutschland stationierten US-Streitkräfte sind des Lobes voll über diese Einrichtung der über 2500 Angestellten und Arbeiter." Später, als 1982 noch das Gelände der Waggonfabrik und auch tausende Magirus-Arbeiter übernommen werden, steigt die Belegschaft auf fast 6000 an.

Wenn die Panzer nicht zu den Panzerwerken kommen können, weil sie gerade im Manöver sind, dann fährt ein Special-Team direkt zum Kunden, vor allem zum Truppenübungsplatz Grafenwöhr in der Oberpfalz. Dort verarzten

Johann Keller, Gerhard Keller, Gerhard Becker reparieren 1968 einen M-60-Motor, während die sechs M 109 bereits fertiggestellt sind. An einer der Haubitzen stellen sich stolze Panzerwerker 1973 zum Gruppenfoto.

sie die Panzer vor Ort „und schulen so ganz nebenbei dadurch ihre amerikanischen Kollegen und zeigen ihnen, wie auch komplizierte Reparaturen mit vorhandenem Werkzeug durchgeführt werden können".

1991 im Golfkrieg zur Vertreibung der Iraker

Die US-Army verabschiedet sich 1993 von den Panzerwerken.

aus Kuwait, sind Panzerwerker noch viel weiter entfernt im Einsatz. Freiwillige fliegen nach Saudi-Arabien, um Panzer zu reparieren, verbringen dort bei Luftalarm und irakischen Raketenangriffen manche Nacht im Luftschutzbunker, wie damals einer der Mainzer dem Autor am Telefon berichtet.

Die Panzerwerker erledigen ihre Aufgaben in der Wüste mit Bravour, aber es nutzt ihnen nichts. Längst ist auch eine politische Zeitenwende eingetreten, der Warschauer Pakt und die Sowjetunion zerfallen. Bernhard Breit, seit 1957 Panzerwerker und lange Gesamtbetriebsratschef: „1992 wurde der Vertrag weltweit ausgeschrieben, und es war klar, dass entweder ein Werk in Europa oder eins in den USA geschlossen werden muss." Da 1992 US-Präsidentschaftswahlen sind, ist klar, dass es kein US-Werk trifft. „Kurz vor Weihnachten 1992 saßen der Chef des Panzerwerks und ich in einem Weisenauer Hotel, warteten auf den Anruf aus den USA und erfuhren dann, dass es Mainz trifft", so Breit, aber die beiden beschließen, erst im neuen Jahr die Kollegen zu informieren. „Es tut heute noch weh. Ich kannte ja alle, und es arbeiteten ganze Familien bei uns." 1993 schließen die Panzerwerke.

Auch das umfangreiche Konversionskonzept, das zivile Fahrzeugtechnik, Fertigung von Spezialfahrzeugen, Umwelt- und Entsorgungstechnik, Kfz-Recycling und anderes mehr beinhaltet, nutzt nichts mehr. Das zur MIT Mainz Industrie Technologie Gesellschaft für Umwelt, Transport und Verkehr umfirmierte Unternehmen hat noch 800 Mitarbeiter – doch auch für sie ist 1994 Schluss. Ein trauriger Tag für Mainz.

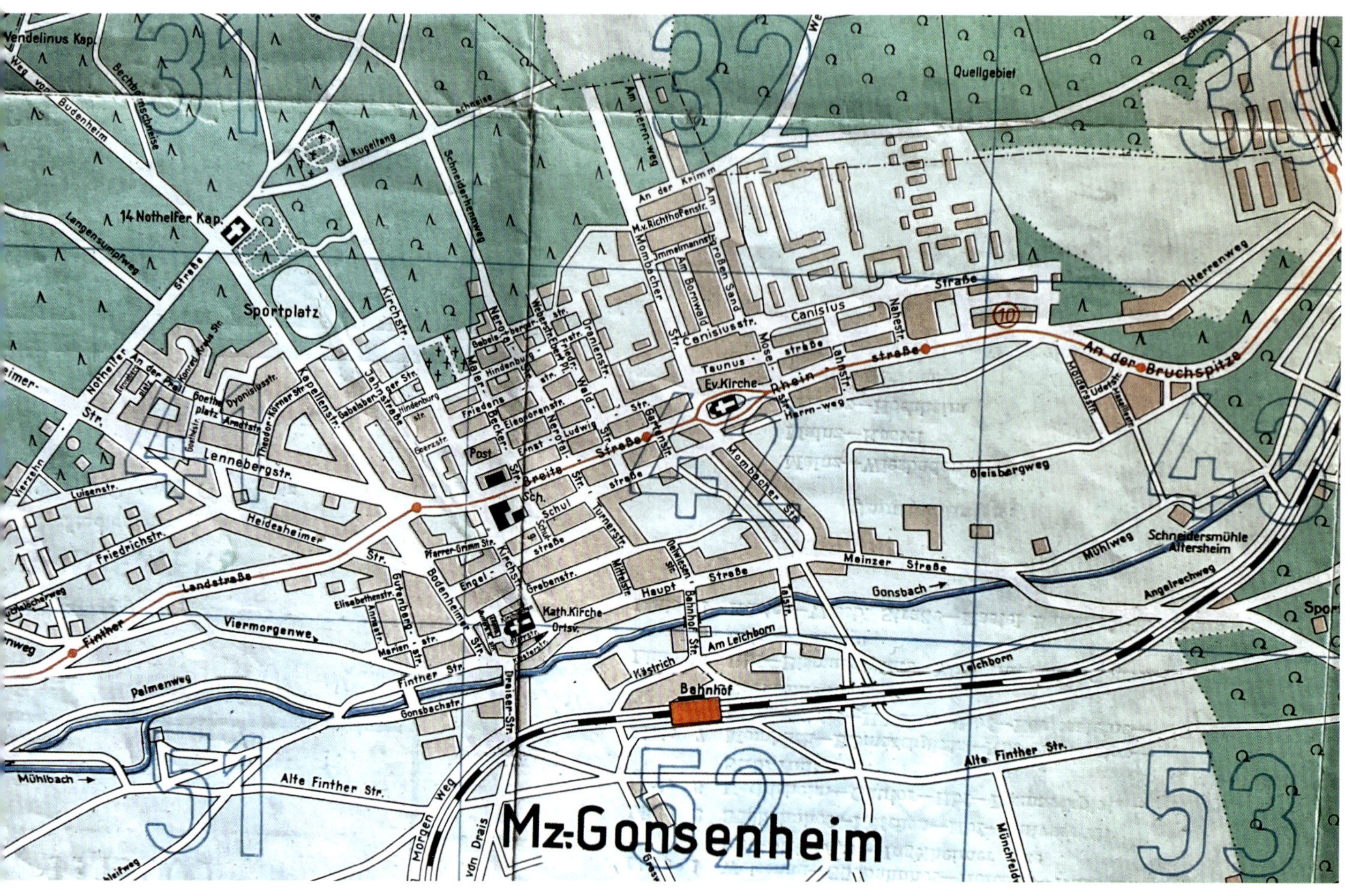

Gonsenheim 1949: Bruchspitze und Gleisberg sind noch weitgehend unbebaut.

229 Gonsenheim 4

An der Bruchspitze – Finnensiedlung und Franzosenhäuser

Im total zerstörten Mainz herrscht nach dem Krieg eine unfassbare Wohnungsnot. Viele Einwohner fliehen nach dem Vernichtungsschlag des 27. Februar 1945 aufs Land, andere werden mit Druck dorthin verfrachtet. Und all jene, die in der Ruinenlandschaft ausharren, fristen über Jahre ein erbärmliches Dasein: In Kellerlöchern, Ruinen, Baracken, Gartenhütten oder überfüllten Wohnungen. Was halbwegs intakt ist, wird oft von den französischen Besatzern beschlagnahmt, und sie legen ein eigenes Bauprogramm auf. Vor allem in Gonsenheim.

Die Franzosen lassen in Mainz lange nicht so viel bauen wie nach dem 1. Weltkrieg, aber noch Anfang 1949 erhält der Generalbaudirektor des Wiederaufbauverbands den Auftrag, 133 Montagehäuser verschiedener Typen zu bauen: an der Oderstraße im Schlesischen Viertel in der Oberstadt, in Gonsenheim am Sportfeld, seitlich der Bruchspitze am Großen Sand und an der Rheinstraße, heute Elbestraße. Davon ist zumindest ein Teil für französische Offiziere und Beamte gedacht.

Dem Wiederaufbauverband bereitet das Programm Bauchschmerzen: „Unter Berücksichtigung der außerordentlich großen Holz-

Das Haus der Familie Pippert, eines der sogenannten Franzosenhäuser vom Bautyp „Emilie" in der Rheinstraße, der heutigen Elbestraße.

mengen, der Kosten und der ungünstigen Entwicklung der Beschäftigungslage im Mainzer Baugewerbe mußte der Generalbaudirektor ... ablehnend gegenüberstehen", so der Jahresbericht 1949. Und obwohl auch Fachkreise und Städtetag den Auftrag kritisieren, muss er durchgeführt werden. Dabei ist im Gründungsjahr der Bundesrepublik klar, dass die Besatzer nicht mehr lange bleiben.

Das Programm kennt drei Haustypen: „Rheinpfalz" mit Erdgeschoss, ausgebautem Satteldach, vier Zimmern, Bad, zwei WC, 94 qm Bruttowohnfläche, dann „Baden-Baden" mit zwei Stockwerken, 3 + 3 Zimmer, zwei WC, Bad, 147 qm, sowie „Emilie" als Ein- und Zweifamilienhaus. Dieser Typ hat 2 + 4 Zimmer bzw. 4 + 4, Küche und Bad entweder einfach oder in jedem Stockwerk, 159 bzw. 167 Quadratmeter. Beide vollunterkellert mit Garage. Schönes und in manchen Häusern noch vorhandenes Detail: die Personalklingel, mit der vom Esstisch die Angestellten in der Küche gerufen werden.

Die ersten Franzosenhäuser im 1949 im Bau, Blick zur Rheinstraße/Elbestraße.

Klaus Pippert Anfang 1956 vor dem Familien-Opel, einem „Haifischmaul"-Rekord von 1953, dahinter ein VW-Ovali mit Besatzungskennzeichen für Zell/Mosel.

Als die ersten Häuser fertig sind, haben die Franzosen kaum noch Bedarf. Zwar haben sie weiter Truppen in der Kathen-Kaserne, nun Caserne Mangin, aber die sind schon merklich reduziert. Zu den ersten deutschen Familien, die eines der Franzosenhäuser beziehen, gehören 1951 die Pipperts, die sechs harte Jahre hinter sich haben.

1945 flieht die Mutter mit zwei Söhnen aus Breslau. Sie leben ärmlich in Thüringen, bis Vater Pippert aus Gefangenschaft kommt und sie 1949 in den Westen holt. Er wird Veterinärrat im Koblenzer Innenministerium, und als die Landesregierung 1951 nach Mainz geht, folgen die Pipperts. Ihnen wird eines der eben fertiggestellten Franzosenhäuser des Typs „Emilie" an der Rheinstraße / Elbestraße zugeteilt, wo Sohn Klaus Pippert heute immer noch lebt.

„Wir hatten nach Jahren der Flucht, der Gefangenschaft meines Vaters und dem Übergang in Koblenz nun endlich was Eigenes", erinnert sich Klaus Pippert an das Gefühl des Angekommenseins nach den unruhigen Jahren. Ein Glücksgefühl, auch wenn es beengt zugeht, denn zunächst erhält die Familie nur das obere Stockwerk, und dort ziehen auch die Großeltern ein. Aber so ist das teils noch bis weit in die 50er – viele müssen sich Wohnraum teilen. Ein Glück, wenn es, wie bei den Pipperts, die Großeltern sind, andere müssen über Jahre mit Fremden in einer drei-Zimmer-Wohnung leben.

Schräg gegenüber und die Bruchspitze hinunter steht die Finnensiedlung, sonst ist die Gegend, auch der ganze Gleisberg, bis weit in die 50er unbebaut, fast idyllisch. Der breite Gehweg der heutigen Elbestraße ist von Akazien gesäumt, dann folgt die schmale Straße, die Straßenbahntrasse, und dahinter breiten sich noch lange unzählige Obstbäume aus.

Auch im eigenen Garten, auf dem Boden des Großen Sand, wird angebaut, das macht jeder,

Blick über die noch schmale Rheinstraße zum noch kaum bebauten Gleisberg. 1956 entsteht dort St. Petrus Canisius mit hoch aufschwingendem, weit auskragendem Dach über fein strukturierter Schauseite.

der ein Stückchen Land hat, denn alle müssen sparsam sein. Deshalb pflanzen die Pipperts einen Aprikosen- und einen Sauerkirschbaum, es gibt Himbeeren, Erdbeeren, Stachelbeeren, und das meiste wird für den Winter „eingeweckt", wie man das Einkochen nach den berühmten Einmachgläsern der südbadischen Firma Weck nennt.

Nicht weit entfernt, an der Ecke Nahestraße, wo es zur Kaserne geht, gibt es ein paar Geschäfte, die teils ins Haus liefern. Vom Lebensmittelladen Johann Reinheimer geht regelmäßig ein Mädchen von Haus zu Haus, Mutter Pippert ruft dann die Bestellung runter, und später wird geliefert. Ein Schuster, der am Sportfeld wohnt, holt die Schuhe zur Reparatur ab. Ansonsten geht man auch in den Ort, die Mutter später gern in den Friseursalon von Walter Beitz: „Er trug viel zu unserer Integration bei, denn er erzählte meiner Mutter Gonsenheimer Geschichten, wir nannten das Beitz-Bildung", erzählt Klaus Pippert.

Die erwähnte Finnensiedlung mit Straßenamen der Luftwaffenflieger Udet, Mölders und Marseille wird 1943 bezogen. Finnland liefert diese vormontierten Holzfertighäuser im Tausch gegen Lebensmittel und Waffen, und so entstehen im Reich über 50 dieser Siedlungen. Meist ist es ein Haustyp mit rund 75 Quadratmetern, vier Zimmern, Küche, Wannenbad, und zugewiesen werden sie meist ausgebombten Familien mit Kindern.

Lebensmittel Reinheimer betreibt seit Ende der 20er in der Ernst-Ludwig-Straße 6 (heute Gerhart-Hauptmann)-Ecke Oranienstraße ein Geschäft, und Mitte der 50er auch in der Rheinstraße 53 5/10 an der Ecke Nahestraße, heute Werrastraße, an der Zufahrt zur Kaserne. Auf dem Foto vom Ende der 50er ist hier schon das Autohaus „Mainz Motors" untergebracht, passend dazu steht links eine gewaltige Heckflosse.

Eigentlich ein heimeliges Viertel, doch die Idylle ist getrübt, seit man 2021 bei Bohrungen auf dem Spielplatz in drei Metern Tiefe auf Blei und polyzyklische aromatische Kohlenwasserstoffe (PAK) gestoßen ist. Schädliche Stoffe, potenziell krebserregend. Einst soll auf dem Gelände der Siedlung eine Grube gewesen sein, die Anfang der 40er verfüllt wird, laut Stadt wohl mit Schlacken, Brandschutt, aber auch Abfälle aus dem Metallgewerbe. Das Erdreich wurde untersucht, die Ergebnisse liegen bei der SGD Süd zur Bewertung (Stand Juli 2023).

Ende der 50er beginnt auch die Entwicklung des Gebiets oberhalb der Finnensiedlung. Zunächst steht die Kirche St. Canisius beim Bau 1956 noch allein, erst danach entstehen auf dem Gleisberg Wohnblocks und Reihenhäuser, wird 1959 die Gleisbergschule eröffnet und 1962 das Einkaufszentrum.

Unterhalb der Finnensiedlung ziehen sich bis Ende der 60er Obstanlagen die Bruchspitze entlang. Schon 1962 denkt man an einen Gymnasiumsneubau hier, aber erst als die Boomer an die Schultüren klopfen, ist der Bedarf groß genug. 1967 Planungsauftrag, 1970 Spatenstich, 1. August 1972 erster Schultag.

Unterhalb entsteht noch ein Standort der FH, oberhalb die Kanonikus-Kir-Realschule. Alles im Einheitsstil aus Waschbetonfassaden und Fensterbändern mit Alu-Schiebeelementen. Gründungsdirektor Manfred Brixius, vormals Willigis-Vize, ist mit 39 Jahren jung, aber mit einer Vision, wie er später sagt: „Ein offenes, wertorientiertes, schülerfreundliches und

Bruchspitze 1965. Im Vordergrund entstehen bald darauf FH, Gymnasium Gonsenheim und Kanonikus-Kir-Realschule. Rechts der Bruchspitze sogenannte Franzosenhäuser, links die Finnensiedlung.

Der Schulkomplex 1971 kurz vor der Fertigstellung. Im Jahr darauf ist Einweihung.

koedukatives Gymnasium." Er lebt die Vision zumindest einige Jahre, später wirkt er desillusioniert. Wie mancher andere im jungen Kollegium.

872 Schülerinnen und Schüler der Klassen 5 bis 11 starten hier, oft eingesammelt von anderen Schulen, darunter auch der ein oder andere Schulflüchter. Da sind die oberen Klassen ein Sammelbecken, für manchen Lehrer bisweilen ein Haifischbecken, zumal Schüler in den 70ern pausenlos diskutieren. Sie reden Lehrern Tests aus oder bestreiken sie, wehren sich gegen Strafen und lassen mal das Klassenbuch verschwinden.

Heute ist das Gonsbach unter dem an den Haaren herbeigezogenen Namen Otto-Schott-Gymnasium eine ehrgeizige Schule mit Hochbegabtenzweig, G8, MINT-Excellenz-Center, unzähligen internationalen Kontakten, zig Arbeitsgemeinschaften und Erfolgen quer durch die Wettbewerbslandschaft. Ob man da noch manchmal dem Lehrer die Tür in die Klasse mit Stühlen und Tischen verbaut? Wahrscheinlich keine Zeit.

Die Lee Barracks in den 50ern. Mittig ein 49er-Ford, rechts vielleicht ein Citroen 15 CV.

230 Gonsenheim 5

1938 bis 1992: Kathen-Kaserne, Caserne Mangin, Lee Barracks

Gonsenheim und das Militär ist eine lange Geschichte oder besser: es war eine. Denn seit die Amerikaner 1992/93 abgezogen sind, bleiben nur Erinnerungen an die kaiserliche Armee, Franzosen, Wehrmacht, wieder die Franzosen, Bundeswehr und US-Army. Größter steinerner Zeuge sind die Lee Barracks, vormals Caserne Mangin und erbaut als Kathen-Kaserne. Sie ist ein Grund für die Gonsenheimer Eingemeindung.

Mainz stagniert bis 1900 hinter Festungsmauern, ist im Großherzogtum die flächenmäßig kleinste der fünf größten Städte. Darmstadt ist fünf Mal und Worms drei Mal so groß. Als die Festung fällt, werden erst Mombach, Kastel und Kostheim eingemeindet, 1930 Bretzenheim, Weisenau, Bischofsheim, Ginsheim und Gustavsburg, nur Gonsenheim will nicht. Dabei hat man schon die Straßenbahn, Strom und Gas aus Mainz.

Als die Straßenbahn 1907 eröffnet wird, sagt Kreisrat Freiherr von Gagern, es komme ihm „so vor, als ob die Stadt Mainz ihre Fühlhörner jetzt ausgestreckt hätte, um später auch Gonsenheim zu verspeisen." In den 20ern treten die Mainzer an den Vorort heran, doch der lehnt dankend ab. Man stehe finanziell gut da und komme ohne Mainz aus. Erst als nach der Remilitarisierung des Rheinlands auch in Mainz neue Kasernen benötigt werden, wird es eng.

Die Wehrmacht will, dass die am Großen Sand geplante Kaserne zur Garnison Mainz gehören soll, was für Gonsenheim die Eingemeindung bedeutet. Der Mainzer Nazi-OB Barth stellt bei Reichsstatthalter Sprenger den Antrag, begründet ihn auch mit Bauland für Eigenheime,

Blick über den Großen Sand, in der Mitte das einstige Flugfeld, auf dem Ende der 30er die Kathen-Kaserne steht.

dem hohen Gonsenheimer Schüleranteil in Mainz und anderem mehr, aber die Forderung der Wehrmacht gibt den Ausschlag. Am 1. April 1938 wird die Eingemeindung vollzogen.
Die Kathen-Kaserne, benannt nach dem letzten Festungsgouverneur, wird belegt von der motorisierten schweren Artillerie-Abteilung II./72, die am 9. November 1938 aufgestellt wird, dem Tag der Kristallnacht. 1940 zieht sie in den Krieg: Frankreich, Russland, der Winter vor Moskau, 1942 dann durch die Steppe zum Don nach Stalingrad. Am 8. September 1942 stehen die 72er unter Major Dr. Ernst Boehringer, dem Ingelheimer Unternehmer, an der Wolga. Als die Sowjets die 6. Armee einschließen, ist ein kleiner Teil der Einheit außerhalb, fast alle anderen sterben. Von Granaten zerfetzt, von Panzern überrollt, erfroren, verhungert, durch Selbstmord. Von den 400 Mann der II./AR 72 im Kessel kehren nur zwölf heim.
Unterdessen dient die Kaserne als Heimatpferdelazarett 412, eines von 15 der Wehrmacht. Hier werden an der Front verwundete und erkrankte Pferde behandelt, deren Heilung mehr als sechs Wochen in Anspruch dauert. Sie kommen teils Tausende Kilometer aus den Armeepferdelazaretten an der Front mit Transportzügen nach Gonsenheim. Von der aufwändigen Behandlung und der Pflege in der Kathen-Kaserne kündet ein Fotoalbum im Besitz des Heimat- und Geschichtsvereins Gonsenheim (Bericht Franzjosef Hauser im Jahrbuch 2022).

Die Kaserne wird im Laufe des Krieges bei Luftangriffen mehrfach getroffen, besonders am 19. Oktober 1944, und noch sechs Tage vor dem US-Einmarsch geschieht am 16. März 1945

Die Kathen-Kaserne ziert den Titel des Erinnerungsbuchs der Artillerie-Abteilung II./72.

Im Krieg dient die Kaserne als Heimatpferdelazarett.

Das Kasernentor 1953, als sie noch den französischen Namen Caserne Mangin trägt, aber schon das Dreieck der „Hell on wheels" zeigt.

dort ein Verbrechen. Der Gefreite Ernst H. wird wegen angeblicher Fahnenflucht erschossen.
Im Sommer 1945 übernehmen die Franzosen die Kaserne, benennen sie nach dem Chef der französischen Besatzungsarmee am Rhein nach 1918, General Mangin. Noch heute findet sich im Gitter des Eingangstors der Schriftzug „Caserne Mangin". Als 1950 der französische Indochinakrieg immer mehr Kräfte bindet, andererseits die USA einen Sowjetangriff auf Westeuropa fürchten, beschließt man, dass die Franzosen Truppen abziehen und von der US-Army ersetzt werden.
1946 soll in der Kaserne Edith Piaf aufgetreten sein. Ein Beleg dafür ist nicht bekannt, aber zumindest war der Spatz von Paris im April ´46 tatsächlich im Besatzungsgebiet. Konzerte in Offenburg und Saarbrücken sind nachweisbar.
Bis Sommer 1951 ziehen die Franzosen ab, die Amerikaner kommen, genauer gesagt die 2nd Armored Division, bekannt als „Hell On Wheels". Es ist die alte Division des legendären Haudegens George S. Patton, aus dessen Kommandeurszeit im Juli 1941 es ein aus Mainzer Sicht kurioses Titelfoto auf dem Magazin „Life" gibt: Patton in einem Pan-

zerturm, dessen untere Hälfte in den Mainzer Fastnachtsfarben in der korrekten Reihenfolge rot-weiß-blau-gelb bemalt ist. Warum, lässt sich nicht klären, denn in den Divisionsfarben fehlt eigentlich das Weiß. 1945 ist General Patton als Kommandeur der 3. Armee in Mainz, eröffnet hier die Not-Eisenbahnbrücke – die Patton-Bridge.

Ab 1956 heißt die Kaserne Lee Barracks nach einem US-Weltkriegs-Captain, und nun kommt die 8. US-Infanterie-Division. Der Stab sitzt in Bad Kreuznach, die 1. Brigade, eine Luftlandeeinheit, bis 1991 in den Lee Barracks.

Das Verhältnis von Gonsenheimern und Amerikanern ist durchwachsen, denn bis zum Truppenstatut 1955 führt sich die US-Army wie eine Besatzungstruppe auf. Da werden Wohnungen und Land beschlagnahmt, wird im Großen Sand und im Lennebergwald geschossen, fliegen die Querschläger bis auf den Friedhof, rollen Panzer dröhnend durch den Ort und sorgen für Schäden an Straßen und Häusern. Und die Arbeiten an der Panzerstraße beginnen bereits, bevor die Bauern entschädigt sind. Theresianum-Schülerin Maria Ziogas hat vor zehn Jahren in der bemerkenswerten Arbeit „Unsere Nachbarn die GIs" das Zusammenleben beleuchtet (Gonsenheimer Jahrbuch, 21. Jahrgang), stößt dabei auf viele Konflikte.

1953 hat das Atomgeschütz „Atomic Annie" seinen ersten europäischen Auftritt in Gonsenheim.

Eine Kolonne Willys Jeeps braust durch die Nahestraße, heute Werrastraße, auf die Kaserne zu.

„Home of the Hawks". Hier war das 2. Bataillon des 509. Regiments der 8. Luftlande-Infanteriedivision stationiert. Auf dem Schild stehen auch die Kriegsstationen.

Der militärische Komplex ist einer, doch auch Straftaten einzelner Soldaten und vor allem die angelockte Prostitution sorgen für Ärger. Doch auch Deutsche attackieren Amerikaner, es gibt Sachbeschädigungen und Diebstähle, andererseits verdient mancher Vermieter gut an Unterkünften für „Veronikas", „leichten Mädchen". Wie auch die Mieten, die man von Amerikanern nimmt, manchmal an Wucher grenzen, aber beim Wechselkurs von vier Mark für einen Dollar gelten die Soldaten als wohlhabend. Ab den 70ern fallen die Kurse, gibt es Probleme, weil Vietnamheimkehrer Drogenprobleme mitbringen.

Wenn auch viele Deutsche skeptisch auf die Amerikaner schauen, sind viele junge Leute fasziniert. Rock´n´Roll, Jeans, Straßenkreuzer und der Soldatensender AFN sind in den biederen Jahren für viele das Nonplusultra, wobei der Kontakt nie sehr ausgeprägt ist. Die

Am Rosenmontag marschierten stets Army-Kapellen mit.

Gerne kamen die Mainzer zu Tagen der offenen Tür in die Lee Barracks.

Zu welchem Anlass die Soldaten über die Breite Straße marschierten, ist unklar.

Amerikaner leben meist in ihrer eigenen Welt der Kasernen und Housing Areas: sie kaufen in PX-Läden US-Produkte, haben eigene Tankstellen, und auch für Sport und Unterhaltung muss keiner raus. Zumal an vielen deutschen Kneipen „off limits"-Schilder hängen.

1992 ist Schluss, aber noch heute gibt es US-Veteranen, die sich gern an die alten Zeiten erinnern. Bei der Facebookgruppe „I lived at Lee Barracks" tauchen alte Fotos auf, werden alte Erinnerungen ausgetauscht. Und immer wieder besuchen Veteranen Mainz und sehen, was aus ihrer Kaserne geworden ist: ein Wohngebiet.

Das Gonsbachtal mit Blick auf Gonsenheim und die 1906 errichteten Doppeltürme von St. Stephan.

231 Gonsenheim 6

Gonsbachtal – der Mainzer Gemüsegarten

Der erste Eindruck vom Gonsbachtal ist für den Autor einst ein verheerender. Das hat Mitte der 70er mit Sportstunden am Gonsbach-Gymnasium zu tun, mit staubig-öden Feldwegrunden um einen Acker am einbetonierten Gonsbach. Angetrieben von einem Drillmeister in Trainingsanzug und Unterhemd. Dieses Feldwegtrauma ist unvergessen, zumal die Tochter 30 Jahre später unter den gleichen nervenden Runden leidet. Allerdings kehre ich heute gern ins Gonsbachtal zurück, denn der einst so traurige Bach im Betontrog ist dank Renaturierung seiner Zwangsjacke ledig geworden und murmelt wieder munter seines Weges.

Der Wasserlauf entsteht in Finthen aus Aubach und Königsbornbach, hat sich im Laufe der Zeiten in die Landschaft gegraben und eine breite Talaue geschaffen. Das dortige „Pflanzfeld" ist mit dem Schwemmlandboden seit jeher besonders wertvoll, ebenso die „Ölwiese", die durch die Mainzer Straße vom Gonsbach getrennt ist. Wie wichtig die „Ölwies´" für den hochwertigen Gemüseanbau ist, erkennt man schon daran, dass sie bei der Dorferweiterung seit jeher ausgespart wird.

Das Woerl Reisehandbuch Mainz von 1908 nennt Gonsenheim den „Gemüsegarten der Stadt Mainz" und das trifft auf das Gonsbachtal ganz besonders zu. Ein schönes Gartenland mit kleinen Parzellen, durchzogen von schmalen Wegen, auch wenn heute vieles nicht mehr bewirtschaftet wird, manches verwildert. Und wo sich noch in den 60ern Obstbäume und Beerensträucher die südlichen Hänge hinauf und noch ein Stück weiter nach Süden erstrecken, ist heute fast alles bebaut.

Nun zurück in den Mainzer Küchengarten, der einst berühmt ist für sein ganzjähriges und

Das Tal um 1980 mit Neumühle und dem Gonsbach im Betontrog. Hier musste der Autor einst öde Runden ums Feld drehen.

vor allem vielfältiges Gemüseangebot. Gleich mehrfach wird im Jahr geerntet, die guten Böden geben das her. Im Winter holt man Rosenkohl, Spinat und Krauskohl aus dem Garten, um dann Radieschen und Frühkarotten zu säen, bevor Kopfsalat und Kohlrabi gepflanzt

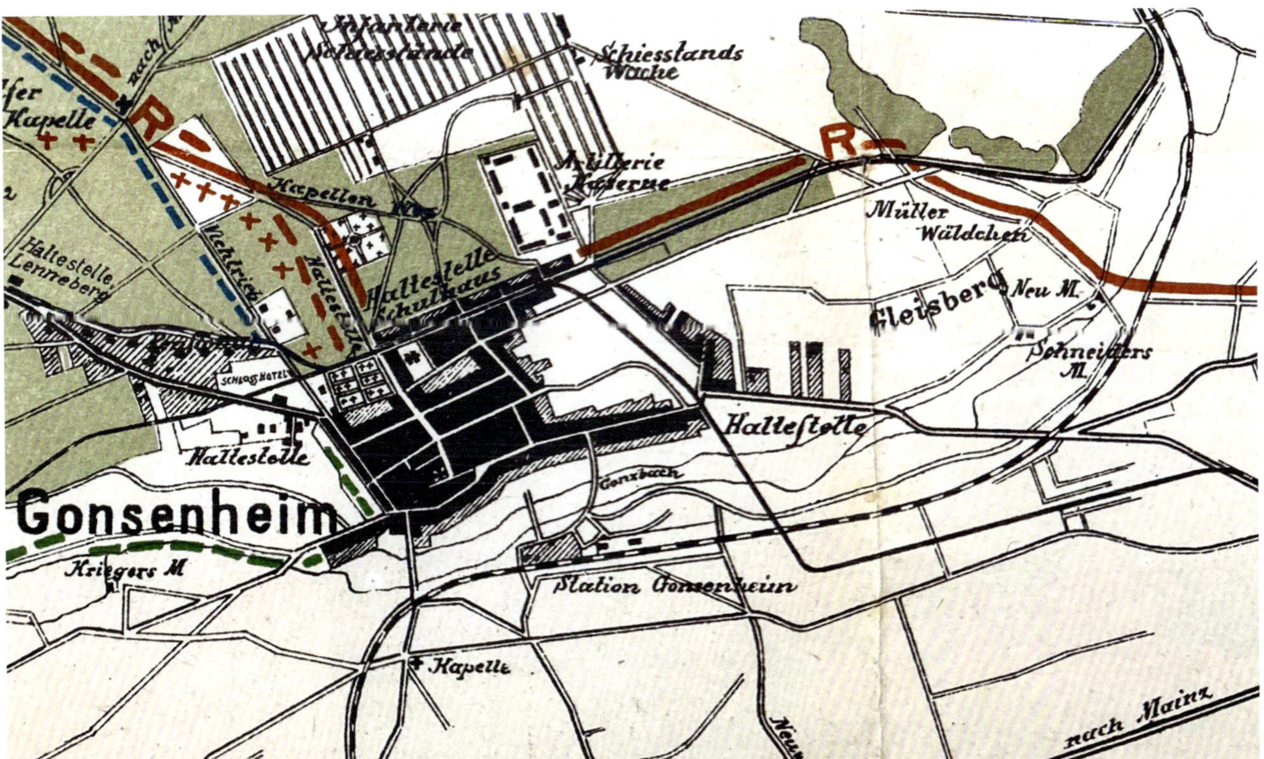

Wanderkarte 1911. Die schwarze Linie, die die Eisenbahn und dann den Gonsbach rechtwinklig kreuzt, ist die Dampfbahnstrecke, die am Rand der Ölwiese entlang zur Breiten Straße führt.

Schöner Blick vor dem 1. Weltkrieg auf den Ort von Südwesten her.

werden, dann Rote Beete, Mangold, Petersilie und Schwarzwurzeln. Im April wird der Lattich geerntet, im Mai Kopfsalat und Spargel, um im Anschluss Bohnen zu legen, während nach dem Pflanzen von Blumenkohl, Sellerie, Wirsing, Rosenkohl und Endiviensalat im August Zwiebeln, Bohnen und Tomaten den Markt bereichern. Auf die freien Stellen kommen Herbstspinat und Feldsalat, die späten Gemüsesorten, und dann geht der Jahreskreislauf von vorn los. Diese Vielfalt ist Vergangenheit, wie überhaupt das bäuerliche Gonsenheim. 1884 wird an der Ecke Am Leichborn/Bahnstraße, heute Raiffeisenstraße, die Markthalle gebaut, an der über Jahrzehnte Landwirte und Gärtner mit hochbeladenen Fuhrwerken anstehen. Bis zu 500 Mitglieder hat der Spargel-, Obst- und Gemüsebauverein in guten Zeiten, als aber vor 20 Jahren die Halle schließt, sind es noch 50, von denen nur ein Dutzend Produkte abliefert, so Isabell Werum 2008 im Gonsenheimer Jahrbuch in einem großen Bei-

Von 1884 bis 2003 steht an der Ecke Am Leichborn/Bahnstraße, heute Raiffeisenstraße, die Markthalle.

Mitte der 20er Jahre wird die Neumühle zur Jugendherberge.

trag über die Entwicklung der Landwirtschaft im Ort. Gegen den großräumigen Anbau der europäischen Konkurrenz ist nichts auszurichten, auch fehlen Vermarktungsmöglichkeiten. Heute gibt es laut Bauernverein in Gonsenheim keinen Vollerwerbslandwirt mehr.
Auch die vielen Kunst- und Handelsgärtnereien, die es einst etwa den Gleisberghang hoch gibt, sind zumeist verschwunden, ihre Flächen bebaut. 1995 wird das Gonsbachtal unter Gründezernentin Gisela Thews teils zum Landschaftsschutzgebiet und damit unter weitreichenden Schutz gestellt. 2013 beginnt die Renaturierung.
„Schmuddelkinder"-Liedermacher Franz-Josef Degenhardt, Schwager der Gonsenheimer Künstlerin Gertrude Degenhardt, schreibt 1977 das Lied „Gonsbachtal":
„Hier am Hang der vollen Gärten, / unterm Dorf, das es noch gibt, / wo die Häuser sich auch wärmen, / weil sich eins ins andre schiebt / hier am Hang unter dem Giebel, auf dem Morgensonne liegt, / nach dem ersten Flug der Tauben, die der Habicht nicht besiegt / hier will ich dann wieder sitzen / neben diesem Hinkelstein, mit euch quatschen, lachen, singen, / trinken unsren roten Wein, / am langen Tisch im Gonsbachtal, am langen Tisch im Gonsbachtal."
Eine blühende Landwirtschaft und ein munterer Bach erklären den Mühlenreichtum im Tal. Zwischen Oberer Aumühle in Finthen und den Hattenmühlen am Mombacher Südwestzipfel gibt es auf Gonsenheimer Gemarkung weitere vier für Getreide sowie eine für Öl. Ende des 19. Jahrhunderts machen Dampf und Strom dem Wasserantrieb den Garaus, die Gonsbachmühlen werden umgenutzt oder verfallen. Nachdem die Obere Gonsmühle in den 70ern abgerissen und von einem Neubau mit aufgeklebtem Pseudofachwerk ersetzt wird (Restaurant „Gonsbachmühle"), sind noch zwei mit dem Hauptgebäude gut erhalten: die Untere Aumühle, lange Jahre Wohnhaus und Atelier von Bildhauer und Steinmetz Theo Graffé, sowie die Neumühle, einst Untere Gonsmühle, unterhalb von Kanonikus-Kir-Realschule und Gonsbach-Gymnasium.
Mitte der 1920er Jahre wird die Neumühle Jugendherberge, die zweite seit Gründung der Ortsgruppe Mainz des Verbands Deutscher Jugendherbergen 1920. Die erste Einrichtung eröffnet in der Wärmehalle an der Münsterstraße mit 16 Betten und 16 Strohlagern, aber nur für männliche Wanderer. Die erste Mädchenunterkunft gibt es ab 1921 in Form eines Zimmers über der Blindenanstalt Rosengasse.
Doch der Ansturm der Wandervögel auf Mainz als Anfangs- oder Endpunkt romantischer Rheintouren verlangt nach einer größeren

Schlicht präsentiert sich der Aufenthaltsraum der Jugendherberge.

Lösung. Und so stellt die Stadt um 1925 die Neumühle zur Verfügung, die für 120 Betten ausgebaut wird. Lange bleibt sie aber nicht Jugendherberge. Erst reißt sich die Hitlerjugend die Mühle unter den Nagel, dann wird sie nach Zerstörung des Invalidenhauses 1942 zum Altersheim. Bis 1956 der Neubau in der Altenauergasse eingeweiht wird.

Die Neumühle wird Notquartier für Wohnungslose, darunter auch schwierige Klientel. Nicht jeder geht dort gern allein vorbei. Über die Jahre kommt das Bauwerk runter, bis es 1978

Der „Kongo-Express" nach Alzey wird noch bis in die 60er von Dampfloks gezogen, meist von umgebauten früheren preußischen Güterzugloks G 8.1, Baureihe 56.

Das Erholungsheim der Stadt Mainz nahe dem Gonsenheimer Bahnhof. Das Gebäude gibt es heute noch.

in Privatbesitz gelangt und eine Restaurierung erfährt. Eine Mauer wird errichtet, dazu ein Nebengebäude, während das Haupthaus unter Denkmalschutz gestellt wird.

Für den in den 70ern aus dem Schulfenster herausträumenden damaligen Schüler und heutigen Autor gibt es zwei Mal die Stunde Abwechslung, dann kommt auf der Bahnlinie am Gonsbach ein Zug vorbei. Ist der Pennäler von seiner alten, auch an der Bahn gelegenen Bonner Schule „Rheingold", „Rheinpfeil", „Loreley-Express" oder lange Güterzüge gewöhnt, sind es hier Bummelzüge nach Alzey: Mal eine Diesel-V 100 mit Silberlingen oder in verkehrsschwacher Zeit rote Akku-Triebwagen.

Dennoch ist die Strecke keineswegs zu verachten, denn über viele Jahrzehnte hilft sie Bauern, Handel und Gewerbe in Gonsenheim. Aber bei den ersten Gedanken an eine Strecke Mainz-Alzey in den 1860ern ist es gar nicht sicher, dass sie diese Route nehmen wird. Die erste favorisierte Variante führt über Bodenheim und durchs Selztal. Und als diese zunächst fallengelassen wird, gibt es noch eine Tunnelvariante bis Hechtsheim.

Die Gonsenheimer legen sich ins Zeug, bieten günstiges Gelände, verheißen regen Ausflugs- wie Marktverkehr. Da man aber mit 2500 Einwohnern nur 500 mehr hat als Hechtsheim, greifen die Gonsenheimer in die Trickkiste. Und dort zaubern sie ausgerechnet die Finther hervor, zählen deren Einwohner hinzu, und sollen gar einen Bahnhof nahe der Nachbargemeinde in Aussicht gestellt haben. Als aber die Gonsenheimer Strecke genehmigt wird, ist davon keine Rede mehr. Die Finther schauen in die Röhre.

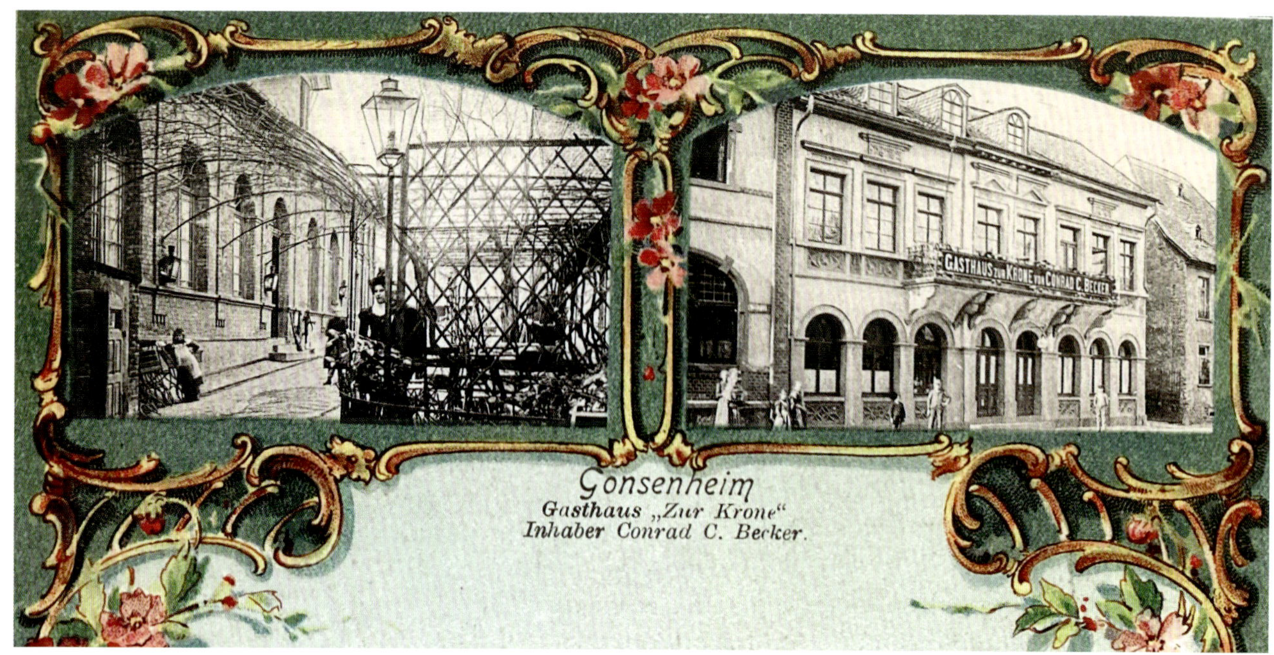

Die „Krone" ist ein stattlicher Bau neben dem „Löwen". Mitte der 70er wird sie abgerissen.

232 Gonsenheim 7

Alles Becker – oder was? Die Hauptstraße entlang durchs alte Dorf

„Gast- & Weinwirthschaft zum schönen Tal von Joh. Becker XXXIX." kündet über viele Jahrzehnte eine Inschrift am heutigen „Gonsenheimer Hof". Das ist am Straßenstern von Mainzer-, Koblenzer-, Graben- und Weserstraße, also dort, wo heutzutage den Autofahrern ein Infrarotlicht aufgeht, wenn sie zuvor das andere Rotlicht ignorieren. Solcherlei Gerätschaft, früher „Starenkästen" genannt, findet sich Mitte der 70er, als das Gasthaus auf der Ecke noch „Zum schönen Tal" heißt, nur in der Innenstadt. Aber „Joh. Becker der Neununddreißigste", das gibts nur in Gonsenheim.

Für den damals frisch nach Mainz übersiedelten heutigen Autor ist der Blick aus dem Schulbus auf die rätselhafte Inschrift die erste Begegnung mit dem Gonsenheimer Becker-Phänomen, der unglaublichen Häufung dieses Namens. Dass er typisch für diesen Vorort ist und nicht durch Zuzug verstärkt wird, ergibt ein Vergleich der Adressbücher: Finden sich 1902 unter 1123 Einträgen 169 mit dem Namen Becker, also rund 15 Prozent, nimmt die Zahl mit der Zuwanderung in Kaiser- und Weimarer Zeit bis 1934 bei immerhin 210 Becker-Einträgen prozentual auf acht Prozent ab. Bei gleichen Vornamen sind sie durchnummeriert, erst in römischen, ab den 20ern in arabischen Ziffern. Es gibt die ein oder Mutmaßung zum Becker-Phänomen, aber einleuchtend erscheint jene, die zurückgeht in die Zeit nach dem 30-jährigen Krieg. Damals, so heißt es, befinden sich unter den nur 40 bis 50 Familien, die überlebt haben, zahlreiche mit Namen Becker, sozusagen die Stammfamilien all der späteren Beckers. Ob die nun über die Jahrhunderte besonders viele männliche Nachkommen zeugen, wie auch gemutmaßt wird, bleibt ein Schlafzimmergeheimnis.

Nochmal zurück zur „Gast- & Weinwirthschaft zum schönen Tal von Joh. Becker XXXIX.", denn vor 1914 ist ein Mainzer Pennäler hier

„Gast- & Weinwirthschaft zum schönen Tal von Joh. Becker XXXIX." Hier besuchte Carl Zuckmayer als Schüler oft einen Klasenkameraden.

Auch längst verschwunden: Die Bierbrauerei und Weinwirtschaft von Adolf Wilhelm und Karl Valentin Becker in der Hauptstraße 102, heute Mainzer Straße 36/38.

gern zu Gast. Es ist Carl Zuckmayer, der am Neuen Gymnasium, dem heutigen RaMa, Freundschaft schließt mit dem Sohn der Wirtsleute, die auch Obstpflanzungen und Spargelfelder haben. In seinen Erinnerungen „Als wär's ein Stück von mir" schreibt „Zuck" später: „Die höchste Freude waren die Besuche bei jenem ... Bauernbuben." Er schwärmt von einfachen Mahlzeiten wie Pellkartoffeln und Schmierkäs´ als „Gipfel des Entzückens". Die zieht er „bei weitem jenen immer etwas peinlichen Einladungen zu noblen Kindergesellschaften vor, bei denen es Schokolade mit Schlagrahm und zum Schluss Verdruß mit Tränen gab".

Er erinnert sich auch, wie er in der Landwirtschaft hilft, an die lehmverschmierte Schürze beim Spargelstechen. Als Zuckmayer im Exil in den 40ern in Vermont Farmer wird, helfen ihm die in Gonsenheim bei „Joh. Becker XXXIX." erworbenen Kenntnisse.

Nach der Mitte der 70er wird der Name des Lokals in „Gonsenheimer Hof" geändert, den

Weil der SPD und ihrem Kandidaten Dr. Eduard David im Reichstagswahlkampf 1907 in Gonsenheim ein Wahlbüro verweigert wurde, stellt man ein mobiles Büro vors Rathaus. David holt den Wahlkreis zum zweiten Mal.

1981 die slowenische Familie Kupljen übernimmt. Zum großen Bedauern nicht nur der Gonsenheimer schließt sie im Sommer 2023 das Lokal.

Als das Gasthaus „Zum schönen Tal" 1848 eröffnet wird, liegt es vor der „Mainzer Pforte", die neben der „Finther Pforte" an der Ecke Kloster-/Budenheimer Straße das zweite Gon-

Der Saal der Krone hatte sogar eine einseitige Galerie.

senheimer „Stadt"tor ist. Der Kern des alten Orts befindet sich rund um die erhöht liegende Pfarrkirche St. Stephan, erstreckt sich dann entlang der Hauptstraße, heute Mainzer Straße, und so bleibt es über viele Jahrhunderte. Man hat zwar Tore, aber keine Mauer, sondern das Gebück. Das ist ein Hag aus dichtem Dornengestrüpp und dicht gestellten Bäumen, wobei die rückseitig der Höfe Wand an Wand stehenden Scheunen weiteren Schutz bieten.

Große Hoftore künden in der Hauptstraße / Mainzer Straße, zwischenzeitlich auch Adolf-Hitler-Straße, vom alten Bauerndorf. Und hier stehen mit der Nr. 21/23, erstmals 1599 als „Johannes-Herren-Hof" erwähnt, und der Nr. 25, dem Gänshof, die im Kern ältesten Gonsenheimer Häuser. Einige barocke Hoftore gibt es, auch mal eine Jahreszahl im Türsturz und bei der Nr. 23 das Gonsenheimer Wappen, den Gänsfuß, im Scheitelstein eines Torbogens. Größter Blickfang der Mainzer Straße ist natürlich das Rathaus in der Straßenverzweigung Kloster- und Pfarrstraße, ein wunderbarer Renaissancebau.

In Gonsenheim gibt es noch in den 30ern 300 meist Vollerwerbslandwirte. Auch in den 50ern ist die Hauptstraße noch bäuerlich geprägt, aber als ehedem wichtigster Straße im unteren Dorf gibt es zwischen dem Straßenstern bei „Joh. Becker XXXIX" und der Klosterstraße auch zahlreiche Gaststätten, zeitweise drei Bäcker, drei Lebensmittelläden und zwei Metzger, dazu Handwerksbetriebe. Aber bereits in den 80ern ist davon nicht viel geblieben.

Erwähnenswert ist die Bierbrauerei und Weinwirtschaft von Adolf Wilhelm und Karl Valentin Becker in der Hauptstraße 102, heute Mainzer Straße 36/38. Die Brauerei läuft so gut, dass die Brüder 1906 am Juxplatz das Haus Heidesheimer Straße 1 als weitere Gaststätte bauen, die dann bis in die 60er Jahre in Familienbesitz bleibt und nun schon ewig das „Quadrifoglio" beherbergt, in dem sich eine Zeit lang auch Bundeskanzler Helmut Kohl wohlfühlt.

„ZUM LÖWEN" Mainz - Gonsenheim
Silvester, Neujahr und Sonntag
TANZ
Es spielt TANZ-ENSEMBLE der „GONSENHEIMER DORFSPATZEN"
Ein gutes neues Jahr wünscht die Kapelle und der Wirt

Die „Krone" wirbt für ihre Tanzveranstaltungen Silvester 48/49. Wer kennt noch die „Gonsenheimer Dorfspatzen"?

Leider sind auf diese Postkarte die Autos, ein Käfer und ein Ford Taunus P4 (1962-66) abgeschnitten, dafür sieht man sehr schön die „Krone", die Mitte der 70er abgerissen wird.

Ein 53er Pontiac Chieftain Catalina durch die Hauptstraße, die heute Mainzer Straße.

In der Hauptstraße gibts bis 1961 noch „Zum grünen Kranz", dann die „Ludwigsbahn", heute eine Hotel-Pension, oder die „Krone". Das ist ein stattlicher, gründerzeitlicher Bau direkt neben dem „Löwen". Mitte der 70er wird die „Krone" abgerissen und wird bald darauf durch einen wenig spektakulären Neubau ersetzt.

Nach der Mitte der 60er-Jahre werden in ganz Mainz zahlreiche Straßen umbenannt, weil es durch die vielen Eingemeindungen zahlreiche Doppelbenennungen gibt, die der Bundespost bei der Zustellung das Leben schwer machen. Gonsenheim etwa behält seine Budenheimer Straße, während jene in Mombach einfach zur Verlängerung der dortigen Hauptstraße wird. Dafür müssen die Gonsenheimer wiederum ihre Hauptstraße abgeben, die zur Verlängerung der Mainzer Straße wird, die bislang vom Bahnübergang am Münchfeld bis zu „Joh. Becker XXXIX" reicht, nun bis zum Rathaus. Dabei wird die Nummerierung gedreht, weshalb aus der Hauptstraße 157 nun die Mainzer Straße 1 wird.

Hier findet sich lange das Gasthaus „Zum Goldenen Stern", später dann das Bekleidungshaus Zadler und schließlich ab 2000 das Museum des Heimat- und Geschichtsvereins

Die beiden Annoncen für die Wirtschaften stammen von 1930, die für das Bekleidungshaus Zadler von 1959.

Gonsenheim (HGG), das heute seinen Sitz in der Budenheimer Straße 1 hat. Der rührige HGG erforscht nun schon über 30 Jahre die Entwicklung des größten Mainzer Stadtteils, aber viel wichtiger noch: Der Verein bringt sie auch den Gonsenheimern nahe. Einerseits durch das Museum, dann durch Veranstaltungen und mit dem seit 1994 erscheinenden HGG-Jahrbuch, das einen unglaublichen Fundus gut recherchierter wie gut geschriebener Geschichten enthält: von mittelalterlichen Herrschaftsverhältnissen über die Kneipen der Jahrhundertwende und die Entwicklung der Landwirtschaft bis zum Verhältnis der Gonsenheimer zu den Amerikanern. Viele Jahrgänge gibt es noch im Museum, das unbedingt einen Besuch wert ist.

Heute führt die Klosterstraße eine lange Strecke parallel zum Gonsbach, aber bis zur Umbenennungswelle heißt das Teilstück jenseits der Einmündung der Budenheimer Straße noch Finther Straße. Und an dieser Einmündung steht bis zu Beginn des 20. Jahrhunderts die Finther Pforte, das zweite Gonsenheimer Stadttor. An sie erinnert noch sehr lange die Gaststätte „Zur Port". 1877 in der Finther Straße 2 gegründet, heute Klosterstraße 22, übernimmt sie 1896 Albert Kropp, 1958 Tochter Betty Hölper. Die „Kroppe Betty" führt noch bis in die 2000er mit über 80 die „Port". Heute ist es ein Wohnhaus.

Das ist in Gonsenheim vielfach der Fall: Wo einst Eier-Butter-Milch-Läden, Bäckereien, Metzgereien oder auch Kneipen sind, finden sich heute Wohnhäuser. Viele dieser alten Läden und Kneipen sind nicht mehr zu erkennen, andere Hausbesitzer haben den Ladeneinbau mit dem meist kleinen Schaufenster belassen und ein Zimmer daraus gemacht.

Bei anderen erkennt man die alte Funktion, weil der Eingang zu Laden oder Kneipe oft in einer abgeschrägten Ecke liegt. So ist in der Klosterstraße 35 gut der alte Ladeneinbau erkennbar. Über der früheren Eckladentür steht noch Metzgerei Ph. Jak. ... und wie weiter? Becker. Natürlich Becker.

Engelstraße mit Arbeiterhäuschen und Weinlokal „Zum Rebstock" von Joh. Sigmund „Tambour" Becker.

233 Gonsenheim 8

Der Arbeitervorort rund um Engel- und Grabenstraße

Wenn man als Nicht-Gonsenheimer an den größten Mainzer Stadtteil denkt, kommt einem ein Begriff wie Villenvorort in den Sinn. Oder man denkt an Landwirtschaft, selbst wenn es die praktisch nicht mehr gibt. Aber Arbeitervorort? Wem fällt zu Gonsenheim Arbeitervorort ein? Dabei trifft genau dies zumindest auf die erste große Erweiterung des alten Dorfs ab Mitte des 19. Jahrhunderts zu. Noch heute sind etliche Arbeiterhäuser erhalten.

Hintergrund ist die Industrialisierung, die in Mainz, vor allem aber im nahen Mombach mit Waggonfabrik oder chemischer Industrie zu jener Zeit einsetzt. Das lockt aus ärmeren Landstrichen Arbeiter und Tagelöhner an, für die Mainz als Wohnort zu teuer ist und Mombach nichts bietet. Gonsenheim verfügt über Baugrund oberhalb des historischen Ortes, weil der sandige Boden dort wenig attraktiv für die Landwirtschaft ist. Deshalb ist er auch für Arbeiter erschwinglich.

Die Erweiterung umfasst Graben- und Engelstraße, reicht von der Hermann-Ehlers- zur Budenheimer Straße und später darüber hinaus bis zur Gutenbergstraße. Gebaut werden vor allem giebelständige, einstöckige Häuschen mit zwei Fenstern im Erdgeschoss, ausgebautem Satteldach, kleinem Hof mit Schuppen

Der Plan von ca. 1902 zeigt gut das Straßenraster: unten Kloster-/Hauptstraße, darüber die Graben-, dann die Engelstraße. Links führt die Budenheimer nach oben, jenseits von ihr werden bald Palmen- und Gutenbergstraße angelegt.

und Ställen für Schweine, Ziegen, Hühner oder Hasen, vielleicht noch Platz für ein paar Beete. Manches ist heute überformt, abgerissen und neu gebaut. Aber etliche Häuschen stehen noch. Vor allem in der Engelstraße.

Die Arbeiterschaft ist damals eine neue Bevölkerungsgruppe im Dorf, und mit ihnen kommen die ersten Protestanten. 1871 leben schon 100 im vorher rein katholischen Dorf. Doch die Integration ist gelungen. Vielleicht auch, weil man manche Sorgen und Probleme teilt: 1866 etwa die Cholera-Epidemie mit fast hundert Toten, die auf mangelnde Hygiene, auf offene Jauchegruben gerade im alten Dorf und auf schlechtes Trinkwasser zurückzuführen ist.

Andererseits ist der Ort noch klein, viele Einrichtungen werden gemeinsam genutzt. Die Katholiken, das sind die Mehrzahl, besuchen die gleichen Gottesdienste in St. Stephan, die Kinder sind in der Kinderbewahranstalt in der Klosterstraße 23, gehen dann gemeinsam in die Schule am Rathaus, ab 1882 in den neuen Bau. Bald gründen sich im Arbeiterviertel auch erste Vereine. Etwa der Männergesangsverein „Heiterkeit", nach der „Cäcilia" von 1845 und der „Einigkeit" von 1879 der dritte Chor im Ort, der sich aber von den anderen unterscheidet, weil unter den Mitgliedern auch Arbeiter und Tagelöhner sind. Gegründet in einer Wirtschaft in der Grabenstraße 31, mit einer Art Holzschuppen als Vereinslokal, wird die „Heiterkeit" bald Teil des Dorflebens.

Auch Wirtschaften etablieren sich im neuen Viertel: In der Grabenstraße 30 „Zum Xaver", wo 1892 der „Spar- und Carneval Verein Schnorreswackler Gonsenheim" gegründet wird und auch die Feuerwehr ihr Vereinslokal hat, schräg gegenüber in der Nr. 31 gibt es das bereits erwähnte Lokal, dann der „Rebstock" in der Engelstraße 54, „Gambrinus" in der Turner-, heutige Hermann-Ehlers-Straße, und der

Das Lokal „Zum Xaver", Gründungsort der Schnorreswackler, Grabenstraße 30.

Das jüngst abgerissene „Sängerheim", Standquartier vieler Kerwejahrgänge.

Hier hab' ich so manches liebe Mal
In fröhlicher Stimmung gesessen,
Und habe des Alltags Mühe und Qual
Beim Essen und Trinken vergessen

Das Haus von Philipp Werum III., Dekorationsmaler, Grabenstraße 52.

„Goldene Engel", Engelstraße 3, später „Zum Sängerheim". Die Traditionsgaststätte, in deren Saal nach dem Krieg früh wieder Fastnacht gefeiert wird und viele Vereine tagen, wird 2022 abgerissen und durch einen Neubau ersetzt.

Für die Vereine, die alle ihr Stammlokal haben, in denen Versammlungen abgehalten werden, die Chöre in den Sälen proben und das gesellige Leben gepflegt wird, sind die Gaststätten sehr wichtig. Aber zwei Mal im Jahr sind sie ganz besonders frequentiert: zu Fastnacht und Kirchweih. Über Jahrzehnte finden an den ersten zwei Septemberwochenenden von Sonntag bis Montag, teils Dienstag Kirchweih und Nachkirchweih statt.

An diesen Tagen ist nicht nur ganz Gonsenheim auf den Beinen, um all die Buden, Karussells und Vergnügungen zu genießen. Es kommen auch Tausende Besucher aus dem Umland, die Dampfbahn setzt halbstündlich Extrazüge ein, und schon mittags sind die Lokale proppenvoll. Sie schalten im „Mainzer Anzeiger" Annoncen wie die Wirtschaft Pankraz Ditt in der Engelstraße 58, die Feldhuhn mit Kraut anbietet und für Dienstag traditionell Leberklöß mit Sauerkraut. Konzerte und Theateraufführungen gibt es zu je 20 Pfennige.

Anfang der 30er gibt es eine große Veränderung, die mittelfristig auch zum Niedergang

Gasthaus Sauer, Kirchstraße 34 / Ecke Schulstraße, benannt nach Wirt Friedel Sauer (ab 1933). Lange Clublokal der „Gonsbachlerchen".

der Kerb als Großereignis führt. Denn angesichts der Konkurrenz durch den seit 1932 ebenfalls Anfang September stattfindenden Mainzer Weinmarkt verlegt man die Kerb auf den August. Außerdem werden in den 30ern noch weitere Feste ins Leben gerufen, was die Feierei fast inflationär werden lässt.

Nach dem Krieg wird 1950 die erste Kirchweih gefeiert, die Kerwejahrgänge sind aktiv wie ehedem, doch langsam lässt bei den jungen Leuten die Begeisterung nach, die Jahrgänge werden schwächer und so reduziert sich die Kerb immer mehr, zumal der August klassischer Urlaubsmonat wird.

Mit dem „Sängerheim", wo einst die Kerwejahrgänge ihr Standquartier haben, ist im Jahr 2023 wieder ein altes Gonsenheimer Lokal verschwunden: Der „Gonsenheimer Hof" hat auch

Gutenbergstraße 34, das Marieneck, in den 80ern „Capri-Palme".

Werbung der Sauerkraut- und Gurkeneinlegerei Hartmann.

zugemacht, Zukunft unbekannt, die „Ludwigsbahn" ist Hotel-Pension und der „Goldene Adler" ist schon länger zu. Die frühere Gastwirtschaft und Metzgerei von Eduard Becker in der Ellenbogenstraße lockt einst zum Schlachtfest auch die Mainzer Prominenz an, wenn etwa Jockel Fuchs nebst Hofstaat vorbeischaut. Und lange ist der „Goldene Adler" beliebter Treffpunkt nach der Sitzung „Alt-Gunsenum".
Alles Vergangenheit, aber noch länger sind all die Geschäfte im Viertel verschwunden: In

Das Haus der Urgroßeltern von Bürgermeister Günter Beck in der Gutenbergstraße.

Die grüne Stadtteilzeitung „Gänsfuss" war 1986 einem Bauskandal auf der Spur.

GÄNSEFUSS

Nummer 2 GRÜN-ALTERNATIVE ZEITUNG FÜR GONSENHEIM Juli 1986

BAUSKANDAL IN GONSENHEIM

Daß überhaupt in diesem Ausmaß in der Gutenbergstraße gebaut werden darf, haben allein die etablierten Betonparteien zu verantworten. Trotz der Proteste der Anwohner und der Warnungen der Fraktion der GRÜNEN, beschlossen die Mainzer Modellparteien diese Wohnsiedlung.

Aber was den eigentlichen Skandal ausmacht ist die Tatsache, daß der Bauträger noch über das Maß hinaus baut, welches ihm durch den Ortsbeirat und Stadtrat genehmigt wurde. In der Vorlage zur Stadtratssitzung steht nämlich unter dem Punkt Erläuterungen zum Bebauunsgsplan:

"Im weitläufigen Blockinnern ist die überbaubare Fläche für eine 2-geschossige Bebauung festgesetzt."

Des weiteren wurde beschlossen, daß "nur" 35 Wohneinheiten erstellt werden dürfen. Tatsächlich entstehen aber 39 Wohneinheiten.

Na, wieviel Stockwerke hat das Haus?

Was den ganzen Vorgang so anrüchig macht ist die Tatsache, daß der Bauträger eine Genehmigung für das Bauprojekt hat. Dies wurde möglich, da seitens der Bauverwaltung andere als die in der Stadtratssitzung beschlossenen Vorlagen der Bezirksregierung vorgelegt wurden.

Wie diese Veränderung zu Stande kam, soll jetzt durch Akteneinsicht geklärt werden. In der letzten Stadtratssitzung beantragte Günter Beck für die Fraktion der GRÜNEN eine Einsichtnahme für die Stadträte aus Gonsenheim. Dies wurde von OB Fuchs ohne Aussprache gewährt. Es ist nun Aufgabe der Parlamentarier, Licht in das Dunkel dieser Angelegenheit zu bringen.

Kommentar

Spekulanten am Werk

Während wir den "Gänsefuß" produzieren, kommen neue Meldungen über den Bestechungsskandal in Berlin. Ein technischer

Budenheimer-, Engel- und Grabenstraße listet das Adressbuch 1955 vier Lebensmittelläden, vier Metzger und zwei Bäcker auf, wobei es in der Nachbarschaft noch etliche weitere gibt.

Viel später als Engel- und Grabenstraße wird das Gebiet jenseits der Budenheimer und oberhalb von Finther-, heute Klosterstraße bebaut. Die Häuser an der Gutenbergstraße entstehen nach 1902. Auch die Urgroßeltern des Mainzer Bürgermeisters Günter Beck bauen 1905 dort ein Haus. Franz Josef Kloos ist Maurer, aber Nachbarn sind nicht nur Handwerker, sondern auch Arbeiter und Taglöhner, zumindest sind sie in den Adressbüchern so aufgeführt.

Günter Beck, Jahrgang 1956, wächst hier auf, sein Vater Heinz ist bei der Maschinenbaufirma von Carlo Schaberger auf der anderen Straßenseite beschäftigt, die seit Anfang der 60er in der Gutenbergstraße 49 ansässig ist. Zuvor findet sich dort seit Ende der 20er-Jahre die Sauerkraut- und Gurkenfabrik von Philipp Alois Hartmann.

Die Firma Schaberger gibt es hier bis in die 80er, dann entsteht auf dem Gelände Wohnbebauung, deren Dimensionierung aber nicht jedem schmeckt. Die Grünen, erst seit 1984 im Mainzer Stadtrat, nehmen sich der Sache an und im „Gänsefuss – grün-alternative Zeitung für Gonsenheim" schieben sie unter der Überschrift „Bauskandal in Gonsenheim" den „etablierten Betonparteien" die Verantwortung zu, „daß überhaupt in diesem Ausmaß in der Gutenbergstraße gebaut werden darf". Der eigentliche Skandal sei aber, dass der Bauträger über das Maß hinaus baue, das im Stadtrat genehmigt worden sei, und das mit Duldung der Bauverwaltung. Auch Beck nimmt sich im „Gänsefuss" der Rolle der Verwaltung an. Er sitzt seit 1984 für die Grünen im Stadtrat, ist aber noch parteilos.

An den Komplex dürfte man sich nach fast 40 Jahren wohl gewöhnt haben, während der Charme der 80er-Architektur immer schon Geschmackssache gewesen ist und fürderhin bleibt. Und gemessen an Größe und Gestalt heutiger Wohnanlagen, wie sie in den letzten 20 Jahren überall in der Stadt und auch in Gonsenheim entstanden sind und noch entstehen, ist die Dimension der „Skandal"bauten fast bescheiden.

Das Mombacher Eck, rechts die Mombacher Straße, heute Kurt-Schumacher-Straße.

234 Gonsenheim 9

Der Arbeitervorort rund um Engel- und Grabenstraße

Als 1903 die Evangelische Kirche in Gonsenheim eröffnet wird, sind die Katholiken wohl wenig beglückt. Natürlich ist ihre Pfarrkirche St. Stephan viel größer und liegt zentral im Ortskern, aber einerseits steht damals der zweite Bauabschnitt noch aus, andererseits ist die Lage der evangelischen Kirche herausragend. Die Kaiser-, heute Breite Straße, ist zwar weit von der heutigen Bedeutung entfernt, aber die Lage des Gotteshauses als point de vue am Ende der Villenstraße ist außerordentlich schön. Und dies, obwohl die Protestanten nur 15 Prozent der Gonsenheimer Einwohnerschaft ausmachen.

Die Gemeinde ist erst zehn Jahre zuvor mit zwölf Gläubigen gegründet worden. Die halten alle drei Wochen einen Gottesdienst in der Schule ab, aber auch nach dem Kirchbau hat man noch keinen eigenen Pfarrer, sondern ist der Landpfarrei Mainz unterstellt. Und selbst ein Pfarrassistent wird erst 1909 installiert. Nochmals 20 Jahre dauert es, bis die Protestanten ein Gemeindehaus in der Friedensstraße erhalten und eine Pfarrstelle gibt es erst im April 1948.

Was die optische Präsenz der Gotteshäuser im Ort angeht, haben die Katholiken drei Jahre nach Eröffnung der evangelischen Kirche wieder die Nase vorn, anders gesagt: einen Turm. Denn 1906 wird der zweite Bauabschnitt von St. Stephan mit Langhaus und mächtiger Doppelturmfassade vollendet, ist weit sichtbare Landmarke mit dem Ehrennamen „Rheinhessendom".

1903 wird die evangelische Kirche erbaut, seit 1907 wird sie von der Straßenbahn umrundet.

Als die Protestanten ihre Kirche am Ende der damaligen Kaiserstraße erbauen, ist sie umgeben von Kiefern. Vorm Portal kommt vom Tal die Mombacher Straße (heute Kurt Schumacher) herauf, an deren Ecke das um 1900 erbaute Gasthaus „Mombacher Eck" steht. In den 50ern wird das Haus aufgestockt, zieht eine Filiale des Bekleidungshauses Zadler ein. Heute findet sich hier die Kinderbuchhandlung „Nimmerland".

Als das Lokal öffnet, dürfte die Freude in der Nachbarschaft groß gewesen sein, denn seit ein paar Jahren, seit 1895, gibt es ein Stück weiter die Mombacher Straße hinauf eine Kaserne. Sie ist Quartier des 1. Nassausichen Feld-Artillerie-Regiments Nr. 27, das 1902 den Beinamen „Oranien" erhält. Die 27er ziehen in den 1. Weltkrieg, unter ihnen auch Carl Zuckmayer. Sie gehören zur 21. Infanterie-Division. kämpfen Seite an Seite mit den Infanteristen

Die Kaserne an der Mombacher-, heutige Kurt-Schumacher-Straße zur Franzosenzeit. Das Gelände gegenüber bleibt lange unbebaut.

der 87er aus der Eisgrub- und der 88ern aus der Elisabethen-Kaserne. Bis auf einige Monate 1917 sind sie an der Westfront. Schlachten an der Marne und der Somme stehen im Kriegstagebuch der Oranier, Verdun, Somme und die Champagne, Stellungskämpfe im heutigen Weißrussland, und dann wieder Westfront: Reims, Cambrai, Schelde und Maas.
Sie kehren nicht mehr heim nach Mainz, stattdessen kommen die Franzosen. Die Besatzer übernehmen für ein paar Jahre den Flugplatz und natürlich die Oranienkaserne, sodass Mitte der 20er-Jahre zu den 6617 Gonsenheimern noch über 2000 Franzosen kommen. Nach ihrem Abzug entstehen Wohnungen in der Kaserne, ab 1933 nutzt der Arbeitsdienst ein Teil des Areals, nach 1956 auch die Bundeswehr etwa für Teile des Schweren Pionierregiments 706. Heute finden sich Wohnungen, Geschäfte und eine Seniorenresidenz in der gepflegten Anlage.
Zurück auf die Mombacher-/Kurt-Schuma-

Hier die Kaserne seitlich von der Ernst-Ludwig-, heute Gerhardt-Hauptmann-Straße aus gesehen.

Die Ölwiese an der entlang die Dampfbahn führt, die dann die Schulstraße quert und den Bahnhof auf dem heutigen Josef-Ludwig-Platz erreicht.

cher-Straße jenseits der Breiten Straße und noch ein Stück hinunter bis zur Kreuzung mit Schulstraße und Herrnweg. Dort findet sich über Jahrzehnte eine Institution, die aus dem Leben vieler junger Gonsenheimer nicht wegzudenken ist, ein Treffpunkt in Zeiten von Jazz, Rock'n'Roll, Twist, Beat, Rock und Disco – das Café Dehos, der Dehos Horse Club.

Einst ist auf der Ecke zum Herrnweg der Biergarten der Restauration „Zur Stadt Mainz" mit rückwärtigem Gebäude. In den 30ern trifft sich hier die HJ, bis sie dem Jugendherbergswerk die Neumühle abjagt. Um 1940 kauft Karl Dehos das Areal, produziert Süßwaren und betreibt ab 1942 ein Café. Soweit nicht außergewöhnlich, doch als er 1951 an der Ecke einen Saalbau errichtet, beginnt der Siegeszug des „Dehos". Erst bei den US-Soldaten mit Jazz-Combos, dann Ende der 50er mit Bill Haley und Elvis auch bei jungen Deutschen, bevor Chubby Checker und der Twist das „Dehos" erobern.

Carl Dehos 1965 im Gespräch mit Reportern der Mainzer Jugendzeitschrift „Forum".

Tagsüber Café und Kneipe, abends dann Beatschuppen, in dem eine Zeit lang die „Rocking Chairs" aus Berlin auftreten.

Doch Amis und Deutsche, das verträgt sich oft nicht, es gibt Schlägereien, die Miltary Police hat einen eigenen Posten im Laden. Doch am 29. April 1963 ist Schluss: Karl Dehos erteilt den Amerikanern Hausverbot. Für viele Jahre. Der Ruf des „Café Dehos" wird aber zumindest bei den Älteren nicht besser. Die Mainzer Jugendzeitschrift „Forum" von Wolfgang Steinmetz nimmt sich 1965 des Tanzschuppens an, als der Vater eines Forum-Redakteurs seinem Sprössling den „Dehos"-Besuch verbietet.
„Das lautsprecherverstärkte Schwirren der elektrischen Beat-Gitarren steht hart im Raum", beginnt der Reporter, schreibt von den Beats der

Oben: Nach dem Dehos folgte noch für einige Jahre das Palatin Tanz-Grillrestaurant.
Rechts: Zweites Tanzlokal in Gonsenheim ist das Astoria am Bahnhof.

„duften Kapellen", einer „kessen Blondine", und wie es ihn mitreißt: „Fünf Minuten später stehe ich selbst auf der Tanzfläche und shake." Stimmungsvoll im Stil der Zeit, aber es geht im „Forum" auch um Anwohnerärger, eine Polizeiaktion und eingeschränkte Öffnungszeiten, bis Karl Dehos wieder bis 1 Uhr öffnen darf. Für vier Mark Eintritt gibts Verzehrbons für zwei Bier oder Canada Dry Club Soda oder Ginger Ale.

Das „Forum" nennt das „Dehos" eines der „führenden Beat-Häuser im Rhein-Main-Gebiet" und „schon gar kein Bumslokal", wie man damals anrüchige Vergnügungslokale nennt. Auch nach der Beatzeit ist das Lokal beliebt, nun wieder mit amerikanischen Gästen, wird zum „Dehos Horse Club" und in den 80ern dann zum „Tanz-Grillrestaurant Palatin" im römischen Stil. Bis heute lobt aber vor allem der Ruf des „Dehos".

Als 2016 ein Gonsenheimer auf Facebook ein Foto vom Abriss postet, gibt es unzählige Kommentare mit Erinnerungen: An die „Rocking Chairs" aus Berlin, die hier in den 60ern spielen, an die vom Chef zubereiteten Hamburger, an DJs oder einfach an eine gute Zeit.

In diesen Posts zum „Dehos" werden aber auch Erinnerungen an die zweite Gonsenheimer Diskothek wach, ans „Astoria." Das „Tanz- und Speiserestaurant" hat zwar einen ganz anderen Charakter als das „Dehos", aber mancher Gast ist nach der Sperrstunde an der Kurt-Schumacher-Straße weitergezogen an die Ochsenwiese 18.

Die Astoria-Adresse hat eine traurige Vorgeschichte, als sie noch Kästrich 18 heißt und dort das Bahnhofsrestaurant von 1871 steht. Es wird am 19. Oktober 1944 durch Bomben zerstört, viele Menschen getötet. An jenem Tag gibt es bei zwei Angriffen von Amerikanern und Briten auf den Mainzer Hauptbahnhof, MAN Gustavsburg und Wiesbaden auch Fehlabwürfe von Bombern, die vom Kurs abkommen. Einer trifft das Bahnhofsrestaurant.

Ende der 60er eröffnet Familie Müller das „Astoria" im damaligen Tanzlokalstil mit Tischtelefonen. Der gehobene Stil bleibt und ebenso die gute Küche. „Täglich geöffnet bis 4 Uhr nachts. Warme Küche bis Betriebsschluss" – die Werbung verspricht nicht zu viel. Der Autor ist damals selbst ab und an morgens um drei Uhr im „Astoria" und genießt ein formidables Herrentoast mit zartem Filet an einer Cognac-Sauce.

Alles ein bisschen old fashioned, aber die vielen treuen Stammgäste mögen es, dazu gibts auch ein bisschen Prominenz. Manchmal kommen Sportstudio-Gäste nach der Sendung vorbei wie etwa Michael Stich oder es gibt Konzerte mit den Platters oder Percy Sledge. Aber irgendwann ist Schluss. Was bleibt, sind Erinnerungen und die unvergessene Werbung im Kino: „Nach dem Kino ist doch klar, Tanzen im Astoria."

Der Dampfbahnzug in der Kaiserstraße, heute Breite Straße, biegt bald nach rechts zum Josef-Ludwig-Platz ab.

235 Gonsenheim 10

Rund um die Breite Straße vor 1945

Über Jahrhunderte spielt sich das Gonsenheimer Leben am Talboden ab, im Dorfkern entlang der Hauptstraße, der heutigen Mainzer Straße. Kirche, Rathaus, Geschäfte, Lokale finden sich dort, aber langsam entwickelt sich der Ort den Hang hinauf. Nach Graben- und Engelstraße wird in den 1880ern die Schulstraße angelegt und 1892 folgt die Kaiserstraße, heutige Breite Straße. Mit der Geschäftsstraße von heute hat sie nichts zu tun, sie ist die Achse des „kleinen Villenviertels" und hier fährt die Dampfbahn Mainz-Gonsenheim-Finthen.
Die Dampfbahn kommt via Münchfeld, quert den Talboden und hat ihre erste Gonsenheimer Station am heutigen „Mainzer Hof". Dann führt sie am rechten Rand der Ölwiese im Rücken der Mombacher-/Kurt-Schumacher-Straße entlang (Trasse ist heute ein Weg) zur Haltestelle auf dem heutigen Josef-Ludwig-Platz, wo sie in die Kaiser-/Breite Straße einbiegt.
Was heutzutage unglaublich klingt, ist die Tatsache, dass die Grundstückspreise entlang der Kaiserstraße und in den Parallelstraßen damals günstig sind. Für die Bauern haben Sandboden und Kiefern keinen Wert und Bodenspekulation ist noch kein Thema, was den in den

1902: Die gestrichelte Linie, die von rechts unten der Ölwiese folgt, ist die Dampfbahn. Sie biegt in die Kaiser-/ Breite Straße ein, damals Bebauungsgrenze. Die Kirche fehlt noch.

späteren 1890ern einsetzenden Bauboom begünstigt.

In einer stadtgeographischen Arbeit, die Mitte der 60er-Jahre am Geographischen Institut der Mainzer Uni entstanden ist, zeichnet Autor Heinrich Schäfer die Entwicklung nach. Bis 1900 ist die Kaiserstraße zu 40 Prozent bebaut, bis 1910 zu 59 und bis 1918 zu 66 Prozent. 1904 wird die Ernst-Ludwig-, heutige Gerhart-Hauptmann-Straße angelegt, 1910 die

Foto des Fliegers Leopold Anslinger von 1914: links Kaserne, Mitte Kaiser-/ Breite Straße, dann heutiger Josef-Ludwig-Platz mit Gleisen der Dampfbahn und Teil der Ölwiese.

Kaiserstraße an der Schule nach 1907, denn hier ist schon die Straßenbahn zu sehen.

Ernst-Ludwig-/heute Gerhart-Hauptmann-Straße. Die Gegend hieß kleines Villenviertel.

Eleonoren Straße. Die Häuser dieser beiden Straße entstehen zu 83 bzw. 68 Prozent bis zum Ende des Ersten Weltkriegs.

Wer heute die Breite Straße sieht, der wird kaum an den Begriff des kleinen Villenviertels denken, aber viele Jahrzehnte, sogar bis in die 30er-Jahre hat er seine Berechtigung. Die Häuser stehen meist frei, bei einer Grundstücksbreite von 12 bis 14 Meter, oder sind paarweise gebaut. Gelbbrauner Backstein mit Zierleisten aus roten Ziegeln dominiert, eine Winkelbauweise, während die Häuser in der parallelen Ernst-Ludwig-Straße oft von Erkern, Türmchen und verzierten Giebeln geschmückt werden.

An der Kaiserstraße sind vier Meter tiefe Vorgärten Pflicht, dazu Eisenzäune auf Steinsockel, doch von alldem ist heute nicht mehr viel zu sehen – eine Entwicklung der Nachkriegszeit.

Zehn Jahre, bevor die Kaiserstraße angelegt wird, entsteht als höchstgelegenes Gebäude des alten Dorfs die neue Gemeindeschule, heute Maler-Becker-Schule. Bis dahin gehen die Kinder in die Schule am Rathaus, aber seit Gonsenheim vor allem durch Arbeiterzuzug immer schneller und stärker wächst, reicht das nicht mehr aus.

Erstes Gebäude des in vier Abschnitten bis 1930 entstehenden Komplexes ist jenes mit Front zur Schulstraße mit zwei zur Mitte drän-

Die Ernst-Ludwig Straße wird 1904 angelegt.

genden Risaliten, flankiert von zwei niedrigeren traufständigen Bauten. Es folgt 1895 der Bau zur Maler-Becker-Straße, dann bereits 1907 der große Westflügel zur Kirchstraße, der 1930 nach Norden entlang der Kaiserstraße erweitert wird.
1930, das ist das Jahr, in dem man in Mainz und entsprechend auch in Gonsenheim glücklich ist, denn die Franzosen ziehen nach zwölf langen, quälenden Jahren endlich ab. Doch keine drei Jahre später ist es mit der wiedergewonnenen Freiheit wieder vorbei, die Nazis kommen an die Macht, wobei viele Gonsenheimer es so wollen: Schon bei den Reichstagswahlen im Juli und November 1932 ist die NSDAP stärkste Partei im tiefkatholischen Ort unter den Doppeltürmen von St. Stephan. Sogar stärker als das Zentrum.
Und es wird noch schlimmer: Bei der letzten Reichstagswahl, an der mehrere Parteien teilnehmen, am 5. März 1933, erhält die NSDAP in Gonsenheim 43 Prozent, acht Punkte mehr als in der Stadt Mainz, das katholische Zentrum gerade noch 27 Prozent. Wissen die Gonsenheimer, was sie da wählen? Der Hass der Nazis, ihr Rassismus, ihre Brutalität, ihre Verachtung für Demokraten und das Ziel, die Demokratie abzuschaffen, sind seit den 20er-Jahren für jeden gut vernehmlich zu hören. Ein Merksatz, der bis heute gilt: Wer Nazis wählt, bekommt ein Nazi-Regime.
Auch Gonsenheim wird 1933 gleichgeschaltet. Schon nach wenigen Monaten wird der parteilose Bürgermeister abgesetzt, sitzen nur noch NSDAP-Mitglieder im Gemeinderat, werden die Vereine und Betriebe auf Linie gebracht. Entrechtung, Terror und Kriegsvorbereitung beginnen rasch.
Schon 1933 wird Adolf Hitler Ehrenbürger und die Hauptstraße, die heutige Mainzer Straße, zur Adolf-Hitler-Straße. Das Adressbuch 1936 zeigt schon mehr Straßen in Gonsenheim, die Namen von Nazi-Größen tragen: In der noch zu demokratischen Zeiten geplanten neuen Siedlung „Am Großen Sand" werden nach Fertigstellung der ersten Häuser die Straßen entsprechend benannt: Josef-Goebbels-Straße (heute Am Bornwald) und Rudolf-Heß-Straße, die aber nach dessen England-Flug 1941 rasch in Immelmannstraße umbenannt wird. Die Goebbels-Straße mündet in die Hermann-Göring-Straße (Canisiusstraße).
Das Adressbuch 1936 nennt noch den Adam-Pauly-Platz (Friedrich-Ebert-Platz) und die Peter-Gemeinder-Straße, ein Teil der Waldstraße zwischen Ernst-Ludwig-Straße und Ebert-Platz. Bei der Erläuterung des Namens im Adressbuch 1942 heißt es zu Adam Pauly: „Gonsen-

Die Jahnstraße vermutlich in den 30er-Jahren. Auch sie gehört zum kleinen Villenviertel.

heimer Bürger, der im März 1931 in der Rechengasse in Mainz wegen Kundgabe seiner vaterländischen Gesinnung von Kommunisten erstochen wurde." Peter Gemeinder ist Gauleiter von Hessen-Darmstadt, der 1931 nach einer Kundgebung in der Mainzer Stadthalle an einem Herzinfarkt verstirbt. Als die Kirche das kirchliche Begräbnis verweigert, weil sich Nationalsozialismus und christlicher Glaube nicht vereinen lassen, wird er für die Nazis zum Märtyrer.

Nach 1938 listet das Adressbuch noch die Horst-Wessel-Anlage (Pfarrer-Grimm-Anlage) auf, nach dem ermordeten Berliner SA-Mann, dann wird die Kaiserstraße zur Straße der SA und der nördliche Teil der Kirchstraße wird nach dem ebenfalls ermordeten Schweizer NS-Führer Wilhelm-Gustloff benannt.
Wir bleiben am letztgenannten Ort, wenden uns aber wieder der Zeit vorm 1. Weltkrieg zu, als am nördlichen Teil der Kirchstraße 1909 ein Gebäude entsteht, das heute noch gerade in

Gonsenheim.– Kaiserstr. mit Horst Wessel-Anlage u. Schule

Die Kaiserstraße mit der Horst-Wessel-Anlage/ heute Pfarrer-Grimm-Anlage, die nach einem SA-Mann benannt wurde.

LEBENSMITTEL
REINHEIMER
MAINZ - GONSENHEIM
ERNST-LUDWIG-STR. 6
Fische täglich frisch - Marinaden - Konserven
Spirituosen, Feinkost, Obst und Gemüse, Südfrüchte

Im Eckhaus Ernst-Ludwig-Straße 6, später im angrenzenden Flachbau in der Oranienstraße, betrieb Familie Reinheimer jahrzehntelang einen Lebensmittelladen.

der Fastnacht eine ungebrochen große Anziehungskraft besitzt: die Halle der Turngemeinde 1861 Gonsenheim. Deren Entstehungsgeschichte ist sogar noch zäher als heutige Bauprojekte wie die ewig diskutierte Mainzer Großsporthalle, denn von den ersten Plänen bis zur Einweihung 1910 dauert es 32 Jahre.
Abgesehen von der Schulerweiterung 1930 entsteht der letzte große Neubau 1924 an der Kaiser-/Ecke Kapellenstraße. Es ist das Offizierscasino der französischen Besatzungstruppen in Gonsenheim, wird dann „Volkshaus", wie es von Alt-Gonsenheimern noch lange genannt wird, und ist auch Sitz von NS-Gliederungen.
Als 1945 das Nazi-Regime zusammenbricht, hat der Ort weitgehend unzerstört den Krieg überstanden, aber furchtbare Verluste zu beklagen: 303 Tote an den Fronten, 59 Ziviltote und viele Ermordete unter den etwa 70 jüdischen Bürgerinnen und Bürgern, die noch in den 30ern im Ort leben. Ob sich 1945 noch viele Gonsenheimer erinnern, wo sie 1932 und 1933 bei den Wahlen ihr Kreuzchen gemacht haben?

Die Breite Straße in den 50ern. US-Straßenkreuzer gehören zum täglichen Straßenbild.

236 Gonsenheim 11

Rund um die Breite Straße nach 1945: Obus, La Fayette, Dirnenunwesen

Als mit dem Einmarsch der Amerikaner die Waffen schweigen, ist Gonsenheim verkehrlich abgeschnitten. Die Eisenbahn fährt nicht, weil sich die US-Army bei der Instandsetzung auf ihre Nachschublinien beschränkt und im Hauptbahnhof über 80 Prozent der Weichen zerstört sind. Und die Straßenbahn ist seit dem Vernichtungsangriff am 27. Februar nicht mehr in Betrieb. Nun zieht es zwar eher die Mainzer aus ihrer Trümmerstadt in den fast unzerstörten Vorort, zumindest, wenn sie unterkommen können, aber auch die Gonsenheimer haben Grund, in die Stadt zu fahren: Ein Anliegen im Stadthaus, Enttrümmern am alten Arbeitsplatz. Also müssen sie zu Fuß gehen und zwar schnell, denn abends setzt früh die Ausgangssperre ein.

Das ist beschwerlich, aber kein Vergleich zu den Tragödien in hunderten Gonsenheimer Familien, die Gefallene, Vermisste, Ermordete oder an Leib und Seele schwer geschädigte Familienmitglieder zu beklagen haben. Doch auch für die trauernden Angehörigen muss das Leben weiter gehen, der Kampf ums tägliche Überleben. Gerade die Kriegerwitwen tragen ein schweres Los. Sie müssen schauen, wie sie ihre Kinder versorgen, vielleicht noch die Eltern, und wenn der Tag angefüllt ist mit Arbeit,

Die Filmbühne der Familie Bonewitz, Breite Straße 38, und ihr Tabakladen, Ecke Waldstraße.

mit Plackerei, dann sind die Frauen nachts mit ihrer Trauer allein.
Wenigstens ist Gonsenheim kaum zerstört, hier haben die Menschen ein Dach über dem Kopf, wobei manche es durch Beschlagnahme der Besatzer doch noch verlieren. Wenigstens vorübergehend. So wird das Kino von Emil Bonewitz auf der Kaiserstraße erst von den Amerikanern requiriert, dann geht es an die Franzosen. Enkel Herbert Bonewitz ist bereits am 27. Februar 45 mit seiner Mutter zum Großvater geflüchet, als sie in der Neubrunnenstraße ausgebombt werden. So wird aus dem Stadtkind ein Gunsenumer Bub.
Am 29. Juli 1945 können sich die Gonsenheimer freuen, denn nach 151 Tagen fährt die Straßenbahn wieder in die Stadt, wenigstens bis zum Bismarckplatz. Allerdings wird die-

Breite Straße in Höhe des Josef-Ludwig-Platzes. Links auf der Ecke Radio Fohrmann.

Erst französisches Casino mit Hotel, später der La Fayette Club der Amerikaner.

ser Tag, ein Sonntag, stark getrübt, denn ein übermütig auf dem Trittbrett fahrender französischer Kolonialsoldat verunglückt auf Gonsenheimer Gebiet tödlich. Daraufhin misshandeln seine Kameraden das arme Fahrpersonal, das gar keine Schuld trägt.

Die vormalige Kaiserstraße, im 3. Reich als „Straße der SA" geschändet, erhält bald den Namen Breite Straße, doch in der AZ vom 2./3. Juli 1949 findet sich in der Rubrik „Otto geht durch die Stadt ..." eine Anmerkung über die dortige Sparkassenfiliale, die immer noch Sparkarten aus der Vorkriegszeit fürs Aufkleben der Sparmarken nutzt: „Dort, wo Reichsmark stand, hat man „Reich" gestrichen und stattdessen ein markantes „D" hingesetzt", schreibt jener Otto. „Auf der Rückseite dagegen ... kann man in alter Frische lesen: Filiale Gonsenheim, Straße der SA. Nur Mut, meine Herren, das können Sie mit ruhigem Gewissen auch noch ändern."

Auf die Amerikaner folgen im Sommer 1945 die Franzosen, die ihr Offizierscasino aus den 20ern, später Volkshaus, wieder für sich reklamieren. Und noch im Juni 1949, als klar ist, dass die Besatzungszeit nicht mehr lange währt, fordert die Militärregierung den Umbau des Relais de France zum Hotel mit bester Ausstattung in nur sechs Wochen: Empfangshalle, Lesezimmer mit Bar, Frühstückszimmer sowie zwei Speisesälen, für die Spezialstukkateure indirekte Beleuchtungsanlagen installieren.

Im ersten Obergeschoss gibt es elf Appartements mit Alkoven, also Bettnischen, und Bädern, für die alle Zwischenwände versetzt und alle Installationen neu verlegt werden müssen. Das Ganze kostet enorme 270000 D-Mark plus 12000 DM für Gartenanlage, Freitreppe, neue Auffahrt und großflächige Blumenbeete. Als die Franzosen abziehen, übernehmen die Amerikaner das Gebäude, richten den „La Fayette Club" ein, was aber eine nervige und langwierige Auseinandersetzung nach sich zieht – um die Parksituation vorm Haus.

Die Amerikaner parken dort kreuz und quer mit ihren Straßenkreuzern auf dem Bürgersteig, der Ortsvorsteher protestiert, aber es ändert sich nichts. Denn keiner will sich mit der Army anlegen. Erst nach einigen Jahren löst die Stadt das Problem auf unkonventionelle Weise, stellt auf dem Gehsteig vier Bänke auf. Ein weiteres Problem hat auch etwas mit Ordnung zu tun, wenn auch mit moralischer: Es geht um das „Dirnenunwesen", wie es die „Amtlichen Nachrichten" nennen. Doch während viele Gonsenheimer sich empören, schlagen andere Kapital daraus, in dem sie den Mädchen die Zimmer vermieten.

Ansonsten ist Wohnraum schwer zu bekommen. Auch wenn Gonsenheim kaum von

Die Breite Straße in Höhe der Post (li.). Damals war an der Schule Tempo 40 vorgeschrieben.

Bomben getroffen worden ist, herrscht Wohnungsnot bis weit in die 50er-Jahre. Noch 1955 suchen mehr als 2000 Gonsenheimer eine Bleibe. Das liegt einerseits daran, dass viele Mainzer, die 1945 nach Gonsenheimer zu Verwandten oder Freunden geflüchtet sind, im Ort bleiben. Dann werden 1948/49 Millionen Vertriebene auf die Westzonen aufgeteilt, was jeden Ort betrifft, und schließlich setzt die Fluchtwelle aus der Ostzone ein. Es geht eng zu in vielen Gonsenheimer Häusern. Und es dauert wie in ganz Mainz bis in die 60er, bis die Wohnungsnot behoben ist.

Trotz aller Sorgen entwickelt sich Gonsenheim, gerade auch weil der Besatzungsdruck lange nicht so stark ist, wie nach dem Ersten Welt-

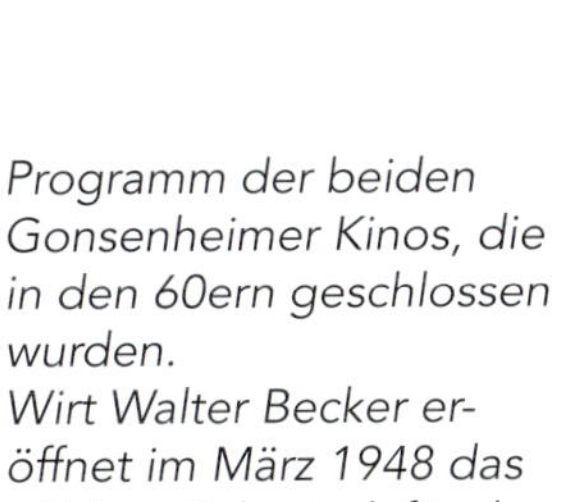

Programm der beiden Gonsenheimer Kinos, die in den 60ern geschlossen wurden.
Wirt Walter Becker eröffnet im März 1948 das „Odeon“, baut dafür den Saal des Gasthauses zur neuen Brauerei, Heidesheimer Straße 1, um. Das Kino hält sich bis 1961.
Programm der „Filmbühne“ von Familie Bonewitz in der Breiten Straße 38.

Werbung für das Café Klein in der Breiten Straße 13, heute Café Nolda.

krieg. So wird auch das „Lichtspielhaus" der Familie Bonewitz mit seinen 400 Plätzen, das nun „Filmbühne" heißt, 1947 zurückgegeben. Ganz zur Freude der Gonsenheimer, die sich noch mehr freuen, als im Jahr darauf mit dem „Odeon" in der Heidesheimer Straße 1 ein weiteres, etwas kleineres Kino öffnet. Es hält aber nur bis 1961 durch, die „Filmbühne" sieben Jahre länger.

Herbert Bonewitz schreibt in seinen Memoiren, dass er es als Kind aus der Stadt bei den Gonsenheimer Buben nicht einfach hat, es aber besser wird, als sie erfahren, dass der Opa das Kino betreibt.

Eigentlich soll 1948 ein neues Verkehrsmittel Gonsenheim erreichen, der Oberleitungsbus. Im März beginnen die Vorarbeiten, wie das Aufstellen der 261 Masten für die Fahrleitung, doch schon im Juli werden die Arbeiten eingestellt, weil durch die Währungsreform Geld knapp wird. Erst vier Jahre später gehts weiter, und am 12. April 1953 wird die Linie Ritterstraße – Münsterplatz – Lennebergplatz eröffnet, aber bereits 1963 wieder eingestellt. Größte Veränderung jener Jahre ist aber der Wandel

Nur von 1953 bis 1963 verkehrte der Oberleitungsbus von Gonsenheim zur Ritterstraße in der Oberstadt.

Gasthaus zur neuen Brauerei in Heidesheimer Straße 1, heute Il Quadrifoglio.

der Breiten Straße zum Gonsenheimer Geschäftsviertel.
Bei der Geschäftswelt unterscheidet die bereits in der letzten Folge zitierte stadtgeographische Betrachtung aus den 60ern zwischen Geschäften des täglichen und des periodischen Bedarfs, also zwischen Lebensmittelläden, Metzgern, Bäckereien und etwa Bekleidungs-, Radio-, Elektro- und Einrichtungsgeschäften. Bei der Erhebung gibt es im Ort 80 Geschäfte der ersten Kategorie mit breiter räumlicher Streuung, wobei 70 Prozent zwischen Haupt-/ Mainzer- und Breite Straße liegen.
An letzterer liegen die beiden umsatzstärksten Lebensmittelgeschäfte, Selbstbedienungsläden, die noch lange nicht überall üblich sind. Die allermeisten der kleineren Lebensmittel- oder Eier-Butter-Milch-Geschäfte im alten Ortskern oder dem Arbeiterviertel sind Tante-Emma-Läden.
Schon 1968 werden in der Breiten Straße insgesamt 38 Häuser gewerblich genutzt.
Für diesen Wandel gibt es mehrere Gründe, wie etwa die gute Verkehrsanbindung durch die Straßenbahn mit drei Haltestellen, dazu hat die Straße eine ausreichende Breite, die gute Parkmöglichkeiten eröffnet.
Ein weiterer Aspekt ist baulicher Natur, denn die Erdgeschosse der Einzel- oder Doppelhäuser lassen sich durch das Überbauen der Vorgärten mit Anbauten ziemlich einfach in recht großzügig dimensionierte Ladenlokale umwandeln.
Der Villencharakter ist nicht mehr wahrnehmbar, aber die Straße gilt als angenehme Einkaufsgegend. Auch weil es Cafés gibt, Lokale, das Angebot abwechslungsreich ist.

Gonsenheim ist schon ein glücklicher Stadtteil.

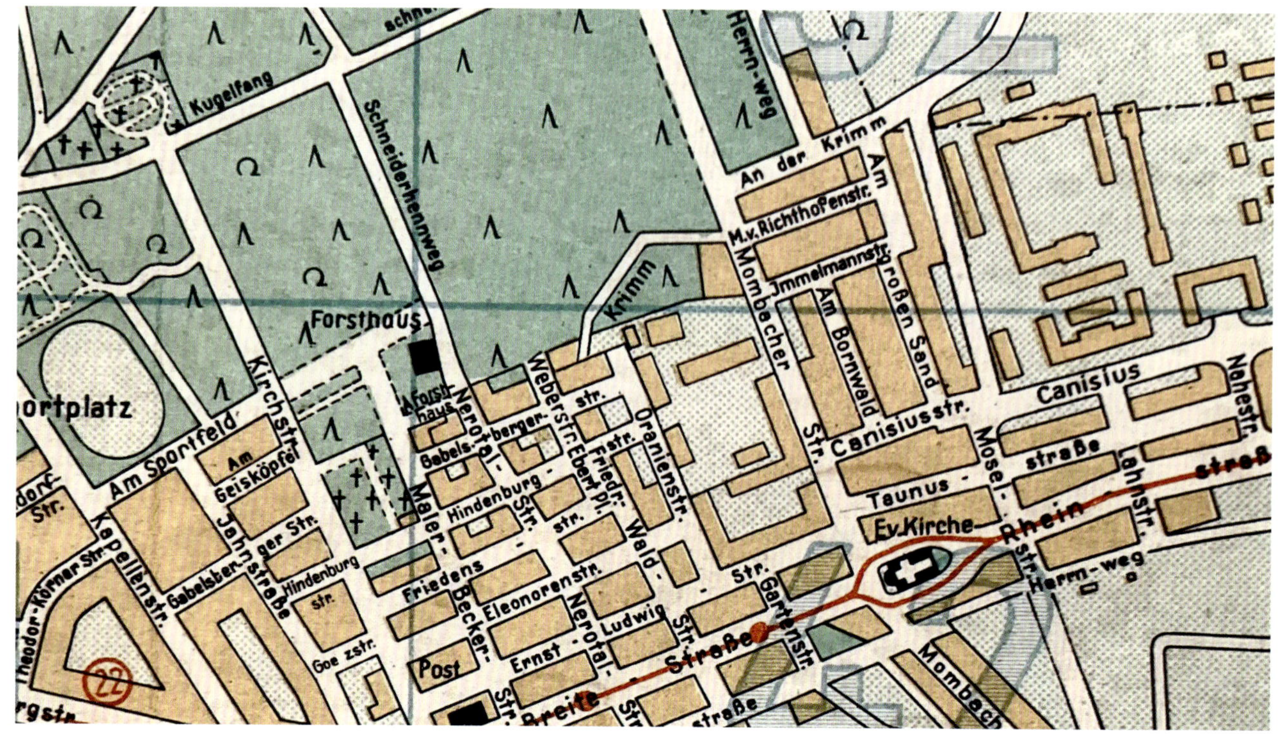

Gonsenheim oberhalb der Breiten Straße 1949. Die Straße Am Sportfeld ist noch sehr kurz.

237 Gonsenheim 12

Krimm, Siedler und die Elsa

Im Laufe von rund 140 Jahren hat sich Gonsenheim Straße für Straße vom Talboden den sandigen Hang hinauf entwickelt und immer weiter durch den Kiefernwald nach Norden. Das beginnt mit dem Anlegen der Grabenstraße als erster Parallele zur alten Haupt-/heutigen Mainzer Straße und endet erst in den 1970ern mit der „Elsa" als Schlusspunkt. Doch Jahrzehnte bevor Gonsenheim seine Fühler weit aufs Plateau ausgestreckt, gibt es dort eine Institution, weit vorm Ort: Das „Waldrestaurant Krimm" oder auch „Zur Krimm".

Das Lokal wird mehr als 150 Jahre betrieben, denn die wohl früheste Erwähnung – zumindest laut gängiger Gonsenheim-Literatur – stammt von 1858. Damals ist auf einem Plan des preußischen Leutnants Wittlich eine „Cantine" eingezeichnet, und als solche dient sie den Soldaten der Mainzer Garnison im Anschluss an deren Schießübungen auf dem Großen Sand. Staub und Pulverdampf machen durstig.

Mit Sicherheit gibt es damals noch nicht den hübschen Ziegelbau, heute Kurt-Schumacher-Straße 109, aber mindestens 125 Jahre dürfte er zählen, denn frühe Litho-Postkarten zeigen das Gebäude. Dazu einen riesigen Biergarten und später noch einen Tierpark mit einem weißen Hirsch. Mit zunehmender Bebauung wird der Biergarten kleiner, bei Schließung ist es ein schmaler Streifen vorm Haus.

Mit am längsten betreibt die Familie Salewski die Krimm und zwar von 1960 bis 2000. Ein Familienbetrieb mit gutbürgerlicher Karte, und man profitiert von den nahen Lee Barracks. Als der Dollar noch vier Mark wert ist, lassen es sich die Amerikaner richtig gut gehen. „Sie wollten Schnitzel, Schnitzel, Schnitzel und immer mit Pommes", erinnert sich Brigitte Salewski, die

Über 150 Jahre wurde die Krimm als Lokal betrieben. Oben rechts die Schießstände.

Einst hatte die Krimm einen großen Biergarten, durch die Bebauung rundum wurde er aber immer kleiner.

seit 1985 mit von der Partie ist. Aber wegen der vielen US-Soldaten unter den Gästen habe es bei den Gonsenheimern Vorbehalte gegeben: „Wir waren verrufen als Ami-Kneipe."
Als die Lee Barracks sich gegen Ende der 80er leeren und die Amerikaner 1992 abziehen, seien wieder viel mehr Gonsenheimer gekommen, um sich an der gutbürgerlichen Küche mit badischem Einschlag zu erfreuen. Nach den Salewskis ist hier mehr als ein Jahrzehnt das „Olympia" ansässig, während es heute um Asia Food geht, allerdings ohne Lokal.
Mit der einst so einsamen Lage ist es 1895 vorbei, als die 27er in ihrer neuen Kaserne an der

Mit am längsten betreibt die Familie Salewski die Krimm und zwar von 1960 bis 2000 mit gutbürgerlicher Küche.

In den 20ern entsteht ein Wohngebiet rund um Friedensstraße und Ebert-Platz. Rechts das evangelische Gemeindehaus.

Mombacher Straße, der heutigen Kurt-Schumacher-Straße, Quartier nehmen. Das schafft Umsatz, ansonsten dauert es, bis die Bebauung näher rückt, die Krimm bleibt Außenposten. Erst in der Mitte der 20er baut die Gemeinde Gonsenheim rund um den Friedrich-Ebert-Platz eine wohlgestaltete Arbeitersiedlung, die sich bei Anlage und Architektur durchaus an

Ab 1931 entsteht seitlich der Mombacher, heute Kurt-Schumacher-Straße die Bornwaldsiedlung.

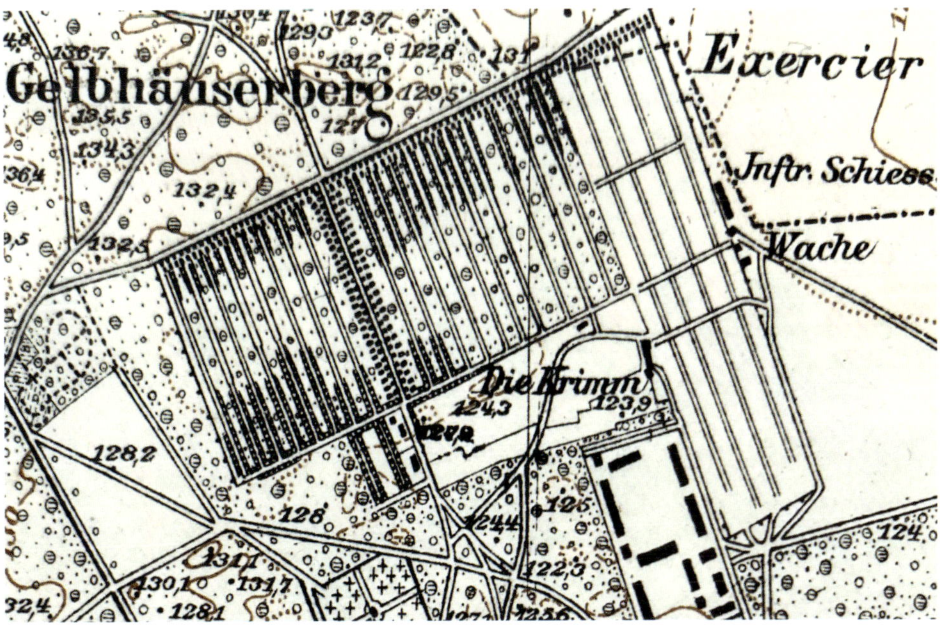

Auf dieser Karte von 1902 sieht man die riesige Anlage der Schießstände, wo heute die Elsa-Hochhäuser stehen. Rechts ergänzende Stände.

der ein paar Jahre zuvor entstandenen Franzosen-Siedlung am Lennebergplatz orientiert.

Genau vor der Haustür der Krimm, auf einem Erweiterungsgelände der Schießstände auf der anderen Straßenseite, entsteht ab 1932 die Bornwaldsiedlung, deren erste acht Doppelhäuser für 16 Familien ab Oktober 1933 fertiggestellt sind. Der Siedlungsgedanke ist, Menschen mit geringem Einkommen ein eigenes Heim zu ermöglichen, das auch über ausreichend Garten zur Selbstversorgung oder für einen Nebenverdienst verfügt. Bedingung: 500 Reichsmark Eigenkapital, was gerade in der Wirtschaftskrise eine Menge Geld ist, sowie Eigenleistung beim Bau. Dafür gibt das Reich 2500 RM als Darlehen für jede Siedlerstelle.

Das Ganze wird begünstigt, weil nach Abzug der Franzosen Teile der Kaserne abgebrochen werden müssen und das gewonnene Material dem Hausbau zugutekommt: Bretter für Decken, Bauholz, Bodenplatten und 100.000 Backsteine. Insgesamt leisteten die Neu-Siedler 25000 Arbeitsstunden, doch ihre Siedlerstellen können sich sehen lassen: 637 Quadratmeter Gartenland, Baufläche 63 Quadratmeter für ein Häuschen mit drei bis vier Schlaf-/Wohnräumen, Küche, Keller, Waschküche, Stallungen für Kleinvieh.

Die Gonsenheimer Ausdehnung in Richtung Wald geht bald nach dem Krieg weiter, wenn auch aus fremdem Antrieb. Die französischen Besatzer erteilen Anfang 1949 dem Wiederaufbauverband den Auftrag, Montagehäuser verschiedener Typen für Offiziere und Beamten zu bauen. So entstehen an der Straße Am Sportfeld 25 Einfamilienhäuser vom Typ Emilie mit sechs Zimmern auf zwei Etagen, Bad, zwei WC, 159 Quadratmeter Wohnfläche, vollunterkellert mit Garage. Das Grundstück hat 600 Quadratmeter.

Nach und nach schiebt sich die Bebauung komplett an die Straße am Sportfeld heran, die lange aber nur von der Kapellen-, zur Nerotalstraße reicht. Erst in den 60ern wird sie bis An der Krimm weitergeführt, wahrscheinlich, als das Großprojekt „Diana am Wildpark", „Neu-Gonsenheim" oder „Wildparksiedlung" geplant wird. Es soll auf einem Gelände am Sportfeld entstehen, das eine schreckliche Vergangenheit hat. Dort sind einst die Schießstände, in denen die Wehrmacht im Krieg Todesurteile vollstrecken lässt.

Zehn Soldaten werden von September 1942 bis August 1944 im Stand 6 hingerichtet, meist wegen Fahnenflucht oder Wehrkraftzersetzung. Für Letzteres reicht schon ein abfälliger Satz über Hitler oder geäußerte Zweifel am

1971 wird der erste Spatenstich für die Wildparksiedlung getätigt, wie sie damals genannt wurde.

„Endsieg". Denunzianten gibt es genug, so wie beim polnischen Zwangsarbeiter Wladislaus Pachuta. Ein Landwirt und seine Schwester denunzieren ihn bei der Gestapo, weil er eine deutsche Landarbeiterin „getätschelt" habe. Dafür wird Pachuta 1942 in den Schießständen öffentlich gehängt, die Denunzianten erhalten später nur ein paar Monate Gefängnis.

Nach dem Krieg werden Teile des Geländes von den Amerikanern genutzt, weshalb das Areal bei den Kindern „Ami-Wiese" heißt. Ein Abenteuerspielplatz, auf dem Ende der 60er ein riesiges Bauprojekt geplant wird. 1971 wird der Erschließungsvertrag unterzeichnet, „der Startschuss für das neue Wohngebiet in einer der schönsten Lagen von Mainz", wie das städtische Magazin „Das neue Mainz" einst schreibt. Kurz darauf vollzieht OB Fuchs den ersten Spatenstich. Zum „Wohnsatellit" heißt es: „Bemerkenswert in optischer Hinsicht sind vier ansteigende Kettenhochhäuser mit geschwungenen Fassaden."

Es werden nur drei Hochhäuser, aber das städtische „Mainz Magazin" schreibt 1975: „Nicht sehr glücklich sind die alten Gonsenheimer über die riesigen Bauten … Aber der Kontrast zwischen den alten Bürgerhäusern und den neuen Wohnmaschinen hat seine Reize." Bis zu 23 Stockwerke haben die L-förmigen Hochhäuser, die fast von jeder Wohnung einen Blick ins Grüne oder über den Ort bieten.

Dass die „Elsa" in den 80ern einen schwierigen Ruf hat, als sozialer Brennpunkt gilt, hat auch mit der damaligen Zusammensetzung der Bewohnerschaft zu tun. So leben bis 1992 viele US-Soldaten hier. Doch das Bild hat sich verändert. „Die Elsa ist viel besser als ihr Ruf", heißt es in einer Mischung aus Stolz und Trotz.

Die „Elsa" ist ein ganzer Haufen Beton, aber in der Nachbarschaft gibt es nicht nur den Gon-

Die Elsa im Bau. Hoch ragt das erste Hochhaus im Kiefernwald auf.

senheimer Wald oder das Naturschutzgebiet Großer Sand, sondern noch ein anderes reizendes Stück Natur: den Wildpark. Er geht zurück auf eine Gemeinschaft aus Gonsenheimer Jägern, die in der Notzeit nach dem Krieg den Gedanken fasst, Wildtiere in einem Gehege zu zeigen. Schon 1948 stellt die Stadt Mainz auf Initiative des Ortsbeirats ein Gelände am Wald zur Verfügung, und mit viel ehrenamtlicher Arbeit entsteht der Wildpark.

Die 1965 gegründete Interessengemeinschaft Wildpark e.V. wird zunehmend von der Stadt mit finanziellen Mitteln, personeller und logistischer Hilfe unterstützt. Das führt auf Dauer zu Konflikten mit der IG, die sich auch intern uneins ist, und schließlich übernimmt die Stadt 1982 nach einem Vertrag mit dem Vorsitzenden der Interessengemeinschaft den Wildpark komplett. Das wird von der IG gerichtlich angefochten, über zwei Instanzen ohne Erfolg.

Heute präsentiert sich der Wildpark schöner denn je, wird unterstützt vom rührigen Förderverein, zeigt Hirsche, Mufflons, Wildschweine, Ziegen, Wollschweine, Schafe, Luchse und Vögel. Und viele Besucher, die einst als Kinder ihre Freude hier gehabt haben, gehen heute mit ihren Enkeln zum Tiere füttern.

Villa Martha, Heidesheimer 30, von Mathias Krusius, Schwiegersohn von Christian A. Kupferberg.

238 Gonsenheim 13

„Sommerfrische" in Gonsenheim

Gonsenheim hat viele schöne Ecken, besonders reizvoll ist aber die Gegend um Kapellen-, Lenneberg-, Heidesheimer und Friedrichstraße. Früher sagt man dazu Waldvillenviertel zur Unterscheidung vom Kleinen Villenviertel rund um die Breite Straße, zu jener Zeit, da Gonsenheim als Luftkurort beworben wird. Das ist in den 1890ern und gerühmt wird nicht der alte Ort mit den immer noch offenen Jauchegruben, sondern die „ozonreichen Waldungen und das milde, anerkannt gesunde Klima". Ebenso die blühenden Fichten, die „durch ihren herrlichen Geruch zur Stärkung der Nerven und der Gesundheit beitragen".
Erste Straße, die angelegt wird, ist 1880 die Heidesheimer Straße zwischen Finther Landstraße und Lennebergstraße, 1890 folgen Friedrich- und Luisenstraße. Die Kapellenstraße wird zwar 1793 schon erwähnt, aber erst um 1900 ausgebaut. Das Viertel lockt wohlhabende Mainzer „Sommerfrischler" an, wie man Leute nennt, die es sich leisten können, der stickigen Stadt zu entfliehen und sommers auf dem Land leben.
Zunächst nimmt man Quartier in Gästehäusern wie der Pension von Witwe Gierow im Kehlweg 7 oder dem Pensionat Leniaberg. Das „aelteste und bekannteste Haus im Gonsenheimer Walde" wird um 1890 an der Heidesheimer Straße 30, später Nr. 52, errichtet. 1978 rückt es durch Neuparzellierung hinter die neuen Gebäude an der Heidesheimer und erhält die Adresse Nachtigallenweg 6.
Das Haus ist das größte der Pensionate und

Das Pensionat Leniaberg ist die älteste Unterkunft im Gonsenheimer Wald für Sommerfrischler.

liegt in einem parkartigen Grundstück mit eigenem Wäldchen, Spazierwegen und Pavillon. Es hat eine große Freitreppe, an der einst Witwe Seib ihre Besucher zu empfangen pflegt. Bald nach 1900 entsteht noch das Schlosshotel, Heidesheimer Straße Nr. 26/Ecke Finther Landstraße. Es ist eine zweistöckige Villa im Landhausstil mit viel Fachwerk, hölzerner Veranda und Ecktürmchen mit Spitzhelm, mit Gartenrestaurant und -café, in dem nachmittags Kapellen spielen und man sich wochenends zum Tanztee trifft. Später geht das Hotel an den Gonsenheimer Kinobetreiber Emil Bonewitz, der es in ein Mietshaus umwandelt. 1976 reißt ein Investor es ab, errichtet ein mehrstöckiges Wohnhaus mit Arztpraxen.

Die Mainzer Gäste gewöhnen sich rasch an Gonsenheim, und wer kann, mietet sich ein Sommerhaus oder eine Villa. Im Mai rollen dann hoch mit Möbeln und sonstigem Hausrat der Sommerfrischler bepackte Fuhrwerke an. Meist sind es Frauen und Kinder, die im Sommer hier leben, die Männer kommen übers Wochenende.

Bald nach 1900 entsteht das Schlosshotel, Heidesheimer Straße Nr. 26/Ecke Finther Landstraße.

Der Speisesaal des Schlosshotels, in dem in frühen Jahren zu bestimmter Zeit die Mahlzeit gemeinsam eingenommen werden.

Die Villen zeigen alle Ingredienzen des malerischen Landhausstils, also Holzkonstruktionen, echtes und Pseudofachwerk, Schindeln, großen Veranden, Ecktürme und Schieferdächer. Heute ist der schöne Charakter durch Aufteilung der Grundstücke und Nachverdichtung an manchen Stellen verwischt. Jürgen Klopp hat hier zu 05er-Zeiten ein Haus gekauft, und auch wenn viele das Haus kennen, bleiben wir diskret. Zudem scheint er nun ja doch nicht hierher zurückzukehren, sondern baut in Wiesbaden-Sonnenberg.

Zu den Mainzern, die um 1900 im Villenviertel fest ansässig werden, zählen auch die ersten jüdischen Familien in Gonsenheim. 1905 sind 16 Juden gemeldet, 1933 rund 70, aber nicht nur wohlhabende. Wobei die bekanntesten Namen das Großbürgertum repräsentieren – Saarbach, Linden oder Oppenheim.
Saarbach ist ein Mainzer Weinhandelshaus, gegründet in den 1840ern, das unter anderem Bismarck, die britische Krone oder indische Potentaten beliefert. August Saarbach (1854-1912) gründet nach der Bekanntschaft auf ei-

Die Villen an der Heidesheimer Straße waren sogar eine Ansichtskarte wert.

Straßenbahnendhaltestelle in der Lennebergstraße am Maxborn, einem Brunnen, den die Familie Saarbach in Erinnerung an ihren jung verstorbenen Sohn Max errichten ließ.

nem Oceanliner mit einem US-Verleger einen Großvertrieb für ausländische Presse in Europa, „Saarbach´s News Exchange".
Die Saarbachs leben in der Kaiserstraße 32, werden 1902 in Gonsenheim in der Heidesheimer Straße 39, ab 1909 in der Nr. 45 geführt. Enkel Heinz Grant erinnert sich später an den „Persischen Salon" mit schweren Teppichen, Diwanen, Leoparden- und Tigerfellen, silbernen Gegenständen mit Halbedelsteinen und

Die Villa der Oppenheims, die laut Adressbuch 1914 im Winter in Mainz in der Kaiserstraße 18 lebten.

Die Villa Delin in der Lennebergstraße 12.

Intarsienarbeiten. Das Esszimmer hat einen Tisch für 24 Personen, es gibt ein Musikzimmer mit großem Klavier. So lebt das Großbürgertum.
Bekanntes Relikt der Familie ist der Maxborn am Zusammentreffen von Heidesheimer- und Lennebergstraße. Der Trinkwasserbrunnen mit einem Knabenrelief wird 1911 von den Eheleuten Saarbach in Erinnerung an ihren mit 15 Jahren verstorbenen Sohn Max errichtet. 100 Jahre später wird der Brunnen dank einer Spende von Herbert Bonewitz erneuert.
Das Verhältnis von christlichen und jüdischen Gonsenheimern wird als problemlos geschildert. Wie angesehen die jüdischen Bürger sind, zeigt der Männergesangsverein Cäcilia,

Wer solche Mehrbildkarten der Friedrichstraße verschickt hat? Villenbesitzer, Spaziergänger? Hier war es 1919 ein französischer Besatzungssoldat.

der 1925 zum 80-jährigen Bestehen Jakob Hugo Weinschenk, Dr. Otto Lichten und Julius Schottländer in den Ehrenausschuss beruft.
Der tiefe Einschnitt kommt 1933, als die Drangsalierung auch die Gonsenheimer Juden trifft. So wird Nathaniel Arthur Lichten, Sohn einer Juristenfamilie, die seit 1905 in der Friedrichstraße 14 lebt, als Richter entlassen, darf sich auch nicht als Anwalt niederlassen. In der Kristallnacht wird er verprügelt, sein Haus von örtlichen Nazis verwüstet, bevor die Täter zu den Schottländers ziehen. Lichten wandert nicht aus, wird 1939 aus seinem Haus verjagt, in ein Judenhaus gezwungen und 1942 in Treblinka ermordet. Gegen die Kristallnacht-Täter wird ermittelt, doch es kommt nie zur Anklage.
August Saarbachs Witwe Johanna muss ihr Haus in der Heidesheimer Straße 45 verlassen und ins jüdische Altersheim an der Gonsenheimer Hohl, heute Fritz-Kohl-Straße, ziehen, wo sie 1940 stirbt.
Andere Gonsenheimer Jüdinnen und Juden emigrieren. Familie Giannini flüchtet in die Schweiz wie die Schottländers und Johanna Simon, während Kurt Wildau nach Argentinien geht, Sofie Weiler im Herbst 1939, in letzter Minute, zu den Kindern nach Uruguay, Moritz Mannheimer und Flora Cohn in die USA. Jakob Weinschenk flieht 1934 in die USA, holt bald Ehefrau Hedwig und die Kinder Fritz und Franz nach. Fritz (1920-2012) wird US-Soldat, dann Anwalt und wirkt an 200 Verfahren gegen Nazis mit. Mit über 60 Jahren promoviert er in Mainz, 2010 ist er Gast bei der Einweihung der Synagoge.
Das Haus Heidesheimer Straße 20 wird nach der Flucht von Betty Scharff zum Altersheim, in dem nur Juden untergebracht sind, bevor sie in der Stadt in sogenannte Judenhäuser mit anderen Juden zusammengepfercht werden. Von dort aus werden alle deportiert. Ein solches Haus gibt es auch in Gonsenheim in der Friedrichstraße 14.
Am 27. September 1942 werden elf Gonsenheimer ins KZ Theresienstadt gebracht, weitere elf drei Tage später nach Treblinka und dort sofort ermordet. Allein Henriette Sichel (1875-1961) kehrt aus Theresienstadt zurück, muss

Villen in der Kapellenstraße vor 1914.

wie viele andere Juden um lange Wiedergutmachung kämpfen. Beschämend.
Unfassbar, dass ein anderer Gonsenheimer, einer der großen Nazi-Verbrecher, fast unbehelligt bleibt: Werner Best. Aufgewachsen in der Ernst-Ludwig-/Gerhart-Hauptmann-Straße, Abitur am heutigen RaMa, wird er 1933 Polizeichef in Hessen, bald Heydrich-Vize im Reichssicherheitshauptamt (RSHA). Er ist Vordenker und Organisator des Terrors, wie etwa der Einsatzgruppen, die 1939 in Polen Zehntausende ermorden. Er verlässt 1940 das RSHA, wird Statthalter in Dänemark. Dort vorzeitig aus Haft entlassen, bleibt Best in Deutschland unbehelligt, macht Karriere beim Stinnes-Konzern. Er stirbt 1989 mit 85 Jahren.

1921 bis 1924 entsteht an der Lennebergstraße ein Viertel für die Besatzer – Klein-Frankreich.

239 Gonsenheim 14

Vom Lochnerhof und Klein-Frankreich am Lennebergwald

An Villen ist Gonsenheim reich, doch ältere Gonsenheimer werden sich an ein Gebäude erinnern, das vielleicht nicht an Schönheit, aber doch an Imposanz einst alle anderen übertrifft. Gebaut auf einem Grundstück, auf dem heute mehr als ein Dutzend Häuser Platz finden. Die Rede ist vom legendären Lochnerhof an der Luisenstraße.
Legendär auch der Gutsbesitzer selbst, der sich hier seine eigene Welt erbaut – Maximilian Lochner (1868-1949): Privatier, Hippologe, Privatingenieur, Erfinder, Musikliebhaber, preußisch, aber dennoch charmant und vor allem zielstrebig. Dass der Aachener Fabrikantensohn 1905 ausgerechnet in Gonsenheim Quartier nimmt, ist dem Zufall geschuldet, denn recht eigentlich besucht er nur ein paar Militärkameraden bei den 27ern. Als Lochner die Feinkörnigkeit des Großen Sand bemerkt, soll er dies als ideal für einen Pferdehof erachtet haben. Und so kauft er 20000 Quadratmeter Land an der Luisenstraße, um seiner Pferdeleidenschaft zu frönen.
Das trapezförmige Areal beginnt hinter den Villen Heidesheimer Straße Nr. 51-65 und reicht bis zum Achatiusweg, erstreckt sich zwischen Luisenstraße und Vierzehn-Nothelfer-Straße. Ein stattlicher Besitz mit einer Villa, Nebengebäuden, Reitgelände, Longierbahn, Stallungen und einer runden Reithalle. Die Geschichte des Gutshofs und seines Besitzers erzählt Dr. Anita Herz 1999 in einem äußerst bemerkenswerten

Der Lochnerhof mit runder Reithalle, Wirtschaftsgebäuden und Villa (hinten).

Beitrag für das Jahrbuch des Gonsenheimer Heimat- und Geschichtsvereins.

Lochner, dessen Wurzeln übrigens in den berühmten Stahl-Kohle-Dynastien Haniel und Cockerill liegen, lebt von den Zinsen seines Kapitals. Bereits im Militärdienst erfindet er einen für das Pferd besonders schonenden Sattel, dazu eine Art der Pferdeerziehung, die auch schwierigste Tiere für den Militärdienst tauglich macht, doch es geht auch um Technik ganz allgemein: So konstruiert er ein Stromlinienfahrzeug, das er für 120000 Mark bei Opel in Rüsselsheim bauen lässt - das sogenannte „Ei".

Die Villa besteht aus einem älteren Gebäude mit Flachdach und einem jüngeren, etwas niedrigerem mit Mansarddach, das er nach der Familiengründung anbaut. Also keine Villa aus einem Guss, auch nicht unbedingt schön, aber auf jeden Fall imposant. Sie verfügt über zwei Wohnzimmer, riesiges Esszimmer, Bibliothek, viele Kinderzimmer, dazu ein Spielsaal mit Ausstattung einer Turnhalle, Schwimmbad, eine Art Theatersaal mit Bühne, Musikzimmer

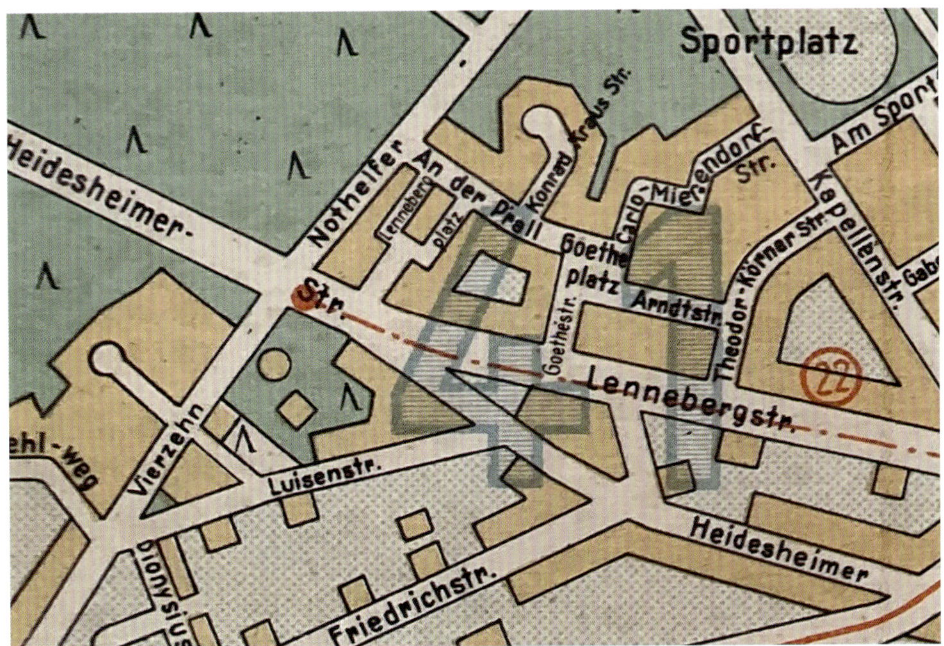

Der Lochnerhof mit runder Reithalle, Wirtschaftsgebäuden und Villa (hinten).

Lochner, Max, Hippologe, Reithochschule nach besonderer Lehrmethode auf neu-wissenschaftlicher Grundlage, gegr. 1897, Lochnerhof (Go). F. 34994. B.K.: Deutsche Bank, Filiale Mainz. P.K.: 21548 Ffm. Telegr.-Adr.: Lochnerhof

Das sogenannte Lochner-Ei von Opel und Lochners Adressbucheintrag.

mit zwei Klavieren und einem Flügel, Billardzimmer, einer Trinkstube im Keller, in der Wein und Bier aus einem Wandbrünnchen fließen, Wintergarten mit von Lochner erfundenen versenkbaren Glastüren und anderes mehr. 1920 bis 1927 wird der Hof als Residenz für einen französischen General beschlagnahmt.

Lochner, zwei Mal verheiratet, fünf Kinder, wird beschrieben als ein preußisch erzogener, aber unabhängiger Kopf, der den Prinzipien der Zeit nur so weit folgt, wie sie ihm vernünftig erscheinen. Er ist Gauführer des „Stahlhelm", tritt aber aus, als der Wehrverband 1933 in die SA eingegliedert wird. Als SA sein Anwesen durchsucht und er sich vehement beschwert, wird er verhaftet und nur gute Beziehungen retten ihn.

Der Zweite Weltkrieg nimmt den Lochnerhof stark mit, der Reparaturbedarf wird auf gewaltige 100000 D-Mark geschätzt, doch dazu kommt es nicht. 1949 stirbt der Hausherr, der bereits zwei Söhne verloren hat: Der Älteste ist Pilot bei der Lufthansa auf der Postlinie Gambia-Brasilien und wird seit 1. Oktober 1938 mit seiner Do 18-E vor der afrikanischen Küste vermisst, während der Jüngste 1945 auf dem Weg zur Front bei einem Tieffliegerangriff stirbt.

In den 50ern teilen die anderen Kinder das Gelände in Parzellen auf und verkaufen es. So kommt 1955 der Abrissbagger, wobei zuvor Gonsenheimer Gelegenheit gehabt haben sollen, sich bei den Resten der Einrichtung zu bedienen.

Während der Lochner-Hof untergeht, entsteht ebenfalls 1955, nur eine Straße weiter, etwas Neues – die „Medizinisch geleitete Sauna im Grüngürtel von Mainz mit Luftgarten", kurz: die Lenneberg-Sauna. Es ist die erste in Mainz, und entsprechend ungewöhnlich, für manchen gar anrüchig. Gründer ist der Arzt Dr. Alfred

Die Lennebergstraße mit damaliger Endhaltestelle der Straßenbahn. Heute ginge es links zum Lennebergplatz.

Auf dieser Mehrbildkarte der Luisenstraße hat ein französischer Soldat 1920 notiert, welche Villa für welchen Offizier beschlagnahmt worden ist.

Hartmann, der im Nordabschnitt der Ostfront russische Saunen kennenlernt. Seit Ende 1945 niedergelassen in Gonsenheim, kaufen er und seine Frau 1952 ein Grundstück mit Haus zwischen Friedrichstraße und Finther Landstraße, das Anwesen der Brauerfamilie Becker.

Zu Anfang, so wissen es die Annalen, ist es den Besuchern, zumal jenen aus dem Ort, nicht ganz geheuer, in die Sauna zu gehen. Sie gehen, so heißt es, verhüllt, um nicht erkannt zu werden. Und der Tochter der Hartmanns soll gar der Rauswurf aus der Schule drohen, weil deren Leitung Unsittliches wähnt. Es klärt sich alles auf, ab den 60ern kommen auch viele Promis und die Gesundheitssauna gibts heute noch.

Unweit entfernt, hinter dem Zusammenfluss von Heidesheimer- und Lennebergstraße, öffnet sich rechter Hand hinter einem einschwingenden Halbrund, flankiert von zwei Pavillons ... „Klein-Frankreich". Eine Wohnsiedlung, die in Größe und Anlage in Mainz nur am Fichte-

Diese Karte vom Eingang zum Lennebergplatz ist falsch beschriftet, denn die Goethestraße, heute Reinhold-Schneider-Straße, liegt weiter rechts.

Zwischen 1921 und 1924 entstanden rund um den Lennebergplatz 14 Einzel-, 27 Doppelhäuser und drei Dreierblocks.

platz ihresgleichen findet und mit mehreren Straßen und Platzanlagen bis rüber zur Kapellenstraße reicht.
Das Viertel erhält einst diesen Namen, weil es unmittelbar nach dem Ersten Weltkrieg für die Besatzungsmacht gebaut wird. Die quartiert sich 1919 mit mehreren Einheiten und Stäben in der Gonsenheimer Oranienkaserne ein, mit bis zu 1800 Mann bei gerade Mal 6600 Einwohnern. Und während einst bei den 27ern ganze sechs Offiziere privat wohnen, sind es (Stand 1922) bei den Franzosen 54 Unteroffiziersfamilien, 42 Offiziersfamilien und 70 ledige Offiziere. Eine Denkschrift, die der Mainzer SPD-Reichstagsabgeordnete Eduard David an die Reichskanzlei weiterleitet, sagt aus, dass bei 1200 Gonsenheimer Häusern jedes dritte belegt ist.
1921 bis 1924 werden 14 Einzel-, 27 Doppelhäuser und drei Dreierblocks gebaut. Nach Willen der Stadt ist auf das einheitliche Erscheinungsbild zu achten, und der Zeit entsprechend ist die Siedlung von Heimatstil geprägt mit neoklassizistischen wie expressionistischen Elementen.

Nachdem der Bauunternehmer Vlasdeck auch am Lennebergplatz alle Franzosenhäuser gekauft hat, richtet er für seine Mieter eine eigene Buslinie ein.

In den 30er-Jahren kauft Albert-Friedrich Dörr, vormals Busfahrer bei Vlasdecks Mieterverkehr, ein Grundstück an der Lennebergstraße und betreibt dort eine Tankstelle mit Service. Vorn ein Opel Regent von 1936 mit dem neu eingeführten VH-Kennzeichen für Hessen statt vorher VR für Rheinhessen. Darunter ein Foto, um 1951, mit Bretzelkäfer, der Kennzeichen der französischen Besatzungstruppen trägt.

Während 1922 rund 170 Gonsenheimer Familien Wohnungen suchen und laut besagter Denkschrift „fünf bis sieben Personen ... beiderlei Geschlechts in zwei Räumen wohnen", sind die Bedürfnisse der Franzosen andere: Ein Oberst, verheiratet, hat Anspruch auf fünf Zimmer und zwei Zimmer für seinen Burschen, ledig sind es drei und ein Burschenzimmer. Ein Hauptmann erhält drei bzw. zwei Zimmer plus einen Raum für den Untergebenen, einem Leutnant stehen verheiratet oder ledig zwei Zimmer zu und ein Burschenzimmer. Auch das Interieur ist festgelegt, bis hin zum runden Beistelltischchen im Esszimmer.

Nach dem Abzug der Franzosen 1930 kauft der Mombacher Bauunternehmer Vlasdeck dem Reich alle Mainzer Franzosenhäuser ab, geht aber bald pleite. Glücklicherweise überlebt die Gonsenheimer Anlage, und wird 1987 zur Denkmalzone: „Ein wohlgeformtes und stilistisch einheitlich gestaltetes Ensemble wie die Wohnanlage ... muss als unbedingt schüt-

Hier die neu erbaute Aral-Tankstelle Anfang der 50er, die bis in die 80er von der Familie Dörr betrieben und dann verpachtet wird. Auf dem unteren Bild ein Blick auf die Tankstelle in den 60ern, links VW T1 Bullis mit schöner Werbung für Onko, „Der Aroma-Kaffee", wie die Werbung verheißt. An der Zapfsäule ein VW Karmann Ghia, ein sogenannter Sekretärinnen-Porsche.

zenswertes Zeugnis der Stadtbaukunst und der Kunst des Siedlungsbaus der 1920er-Jahre angesehen werden."
Als Bauunternehmer Vlasdeck noch bei Kasse ist, richtet er um 1932 für die Mieter seiner Häuser in der Lenneberg-Siedlung sogar eine eigene Buslinie in die Stadt ein, ein nicht nur in Mainz einmaliger Service. Die Route des „Mieterverkehr Mainz-Gonsenheim" führt vom Lennebergplatz via Mainzer Straße über das heutige Münchfeld zur Saarstraße, dann über die Binger Straße bis zum Münsterplatz. Nach anderer Quelle liegt die Endstelle an der Reichsbahndirektion an der Kaiserstraße, heute Gebäude der Sparda-Bank, aber das kann sich ja auch geändert haben. Durchgeführt wird der Betrieb mit einem Fahrzeug, einem ziemlich hochbeinigen Bus des Nutzfahrzeugherstellers „Deutsche Lastautomobilfabrik AG Ratingen", kurz: DAAG.
Trotz der Vlasdeckpleite überlebt die zumindest zeitweise nur werktäglich betriebene Buslinie, und es ist unklar, wer sie dann betreibt. Sie bleibt aber bestehen und wird auch Gegenstand der Verabredungen zu der den Gonsenheimern aufgezwungenen Eingemeindung nach Mainz 1938. Die Buslinie soll möglichst gleich mit dem Stichtag von den Mainzer Stadtwerken übernommen werden, doch es dauert noch bis Februar 1939. Erst dann geht

Konditorei u. Café Reiß – Mainz-Gonsenheim

Am anderen Ende der Lenneberg-Siedlung, dort, wo sie fast an die Kapellenstraße stößt, findet sich eine Gonsenheimer Institution, das Café Reiß, seit vielen Jahren nun schon das Café Raab.

der „Mieterverkehr" im Mainzer Netz auf, verkehrt fortan als Linie G. Allerdings ist der Betrieb nicht von langer Dauer, denn mit Kriegsbeginn werden viele Busstrecken im ganzen Reich eingestellt, um Kraftstoff zu sparen, so auch die G zum Lennebergplatz.

Bei dem Fahrer, der auf dem Foto neben dem Bus zu erkennen ist, handelt es sich um Albert Friedrich Dörr, der dann aber ein Grundstück an der Lennebergstraße schräg hinterm Volkshaus kauft und dort eine B.V.-Tankstelle betreibt. Die Abkürzung B.V. steht für das Mineralölunternehmen Benzol-Verband, während Aral seit 1929 zunächst nur der Markenname des neuartigen Kraftstoffs aus 60 Prozent Benzin und 40 Prozent Benzol ist.

Erst besteht die Tankstelle nur aus einem quadratischen, auf vier schlanken Säulen ruhenden Flachdach mit einer kleinen Glasbox für den Tankwart, aber gleich zu Beginn der 50er bauen die Dörrs ein großes Gebäude und eine Tankanlage mit vier Zapfsäulen. Bis in die 80er betreiben die Dörrs dann schon in der dritten Generation die Aral-Station, dann wird sie verpachtet.

Zurück zur Franzosensiedlung, die von der Lennebergstraße über den Lennebergplatz, An der Prall und Herder-Platz bis rüber zur Kapellenstraße reicht, und auf jeden Fall einen Spaziergang lohnt. Es gibt viele Details zu entdecken, man wird an manchem Punkt verweilen, und am Ende erwartet den Spaziergänger noch ein Ort, der schon viele Jahrzehnte Leckeres in angenehmer Atmosphäre bietet.

Dort, wo die Siedlung mit zwei Doppelhäusern an die Kapellenstraße stößt, entsteht um 1955 eine Gonsenheimer Institution: Das Café Reiß. Generation um Generation kehrt nach Spaziergang im Lennebergwald oder Wildpark-Besuch ein zu Kaffee und Kuchen. Michael Raab betreibt das Café nun schon viele Jahre, hat es modernisiert, das Angebot erweitert bis hin zu Live-Musik-Abenden, aber den Charme hat es bewahrt.

Luftbild vermutlich aus den 30ern vom Turm, der Waldschänke und dem riesigen Biergarten.

240 Gonsenheim 15

Im Lennebergwald – von Turm, Schloss und Promi-Bordell mit Folterkeller

Letzter Stadtspaziergang durch Gonsenheim, fünfzehnte Folge, und natürlich kann man den Stadtteil nicht verlassen, ohne Waldspaziergang durch den Forst am Lenneberg. Schön ist er, auch wenn der Klimawandel ihm schwer zusetzt, und es gibt spannende Orte, die aber nicht nur auf Gonsenheimer Grund liegen. Doch das soll uns keineswegs stören, und 2024 dürfte eh im ganzen Wald gefeiert werden – da steht der 150. Geburtstag des Lennebergvereins an.

Der Verein hat sich einst die Erschließung des Waldes als Naherholungsgebiet auf die Fahnen geschrieben: Wege anlegen oder in spazierfreundlichen Zustand versetzen, Markierungen und Orientierungstafeln setzen oder Geld für Bänke und Schutzhütten sammeln. Initiator ist der Mainzer Maler und Stuckateur Adam Allendorf, der auch sonst sehr engagiert ist: Er ist 13 Jahre Präsident des MTV 1817, führt

Karte des Lennebergvereins von etwa 1910 mit Wanderwegen und allen Sehenswürdigkeiten.

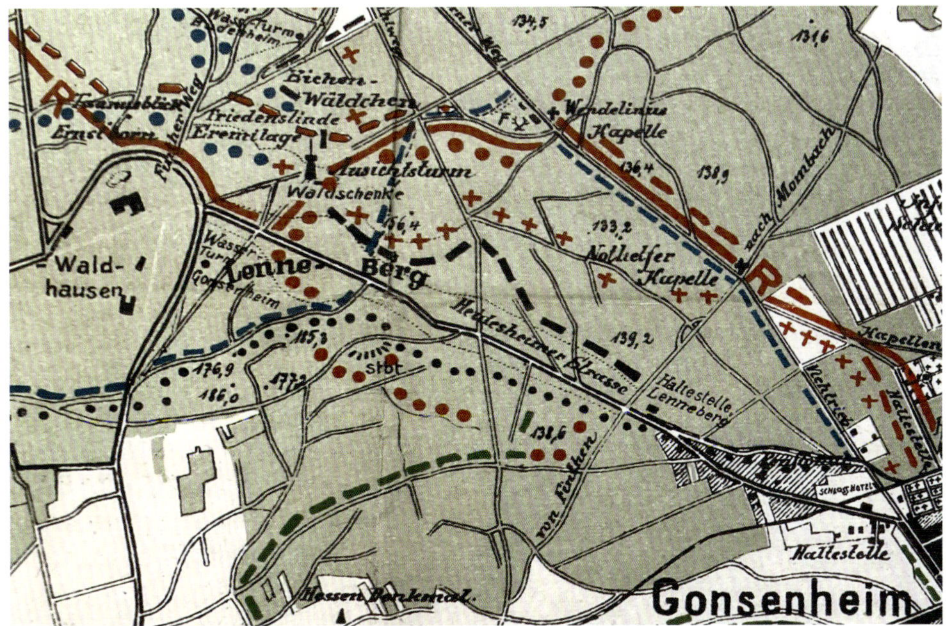

das Mainzer Turner-Sanitätscorps im Krieg von 1870/71 und setzt sich früh für die Natur ein: So sammelt er Tausende Unterschriften gegen das Abholzen der Bäume vor den Befestigungsanlagen.
Dass Gonsenheim ab den 1880ern zur „Sommerfrische" betuchter Mainzer wird und viele auf Dauer sesshaft werden, ist sicher auch der Arbeit des Vereins zu verdanken. Anfang der 20er-Jahre verbindet er sich mit dem „Rheingold – Sport- und Touristenclub" von 1902, firmiert seither als „Wander- und Lennebergverein Rheingold Mainz e.V."
Der Verein ist wenige Jahre alt, als er eine Attraktion plant – den Bau eines Aussichtsturms an der Plattform „Schöne Aussicht". Allendorf spannt auch die 1817er ein, die ab 1878 alljährlich ein „volkstümliches Wettturnen auf dem Leniaberg" veranstalten, dessen Überschuss dem Turm zugutekommt.

Blick von der „Schönen Aussicht" auf das Rheintal und den Taunus.

1880 wird der Turm des Mainzer Architekten Philipp Johann Berdellé eingeweiht.

Am 26. September 1880 wird der Turm eingeweiht, den niemand geringeres als der Mainzer Architekt Philipp Johann Berdellé entwirft. Der baut in Mainz den Hauptbahnhof, die im Krieg zerstörte Eisenbahndirektion zwischen Bonifazius-/Rhabanus-/Kaiserstraße und die Gastell-Villa am Fischtorplatz. Berdellé wählt entgegen seinem sonstigen Stil die Neugotik für den 17-Meter-Bau, der aus einem Rundturm und dem schlanken, höheren Treppenturm besteht.

Von Beginn an ist der Turm ein beliebtes Ziel, ein weiteres die Waldwirtschaft im Forsthaus „Ludwigshöhe". Der Spaß ist aber nicht von Dauer, denn 1910 zieht ein reicher wie eigenwilliger Nachbar ins Revier: Martin Wilhelm von Waldthausen, ex-Rittmeister der 13er-Husaren in Mainz, der nach einem Eklat mit Wilhelm II. seinen Abschied nimmt. Der Überlieferung nach soll der Kaiser bei einem Manöver auf dem Großen Sand Waldthausens Uniform bemängelt haben, worauf der sich gekränkt fühlt und den Monarchen mit dem Götz-Zitat bedacht haben soll.

Waldthausen ist Spross einer reichen Industriellenfamilie, und nimmt auf eine ganz eigene Art Revanche, zumindest wird es so ausgelegt, als er 95 Hektar Wald kauft und dort von 1908 bis 1910 ein Schloss mit Park für sagenhafte 18 Millionen Mark baut. Das klingt erstmal nicht nach Rache, sondern nach Protz, wenn man aber weiß, dass Schloss Waldthausen dem kaiserlichen Schloss zu Posen ähnelt, darf man darin durchaus einen Gruß an den Kaiser sehen. Denn man wird ihm am Rande seiner Mainzer Manöver sicher hinterbracht haben, was der Götz-Zitierer in den Wald gebaut hat.

Ob's den Kaiser geschert hat, ist nicht überliefert, und während man in Budenheim den Reibach beim Grundstücksverkauf macht, ist die Begeisterung in Mainz und Gonsenheim gebremst. Dass die Straße nach Heidesheim nicht mehr gerade den Wald schneidet, sondern fortan und bis heute in weitem Bogen ums Schloss herumgeführt wird, ist hinnehmbar, doch wird der Wald mit einem Bretterzaun vernagelt. „Teils wird er eingerissen, teils mit Parolen gegen den Kohlebaron beschmiert", so Paul-Georg Custodis in einem Beitrag zum Schloss in den Vierteljahresheften (30. Jg., 1/2010), in dem er auch die prächtige Innenausstattung des Mainzer Edel-Schreiners Bembé beschreibt.

Als Waldthausen auch noch das Forsthaus „Ludwigshöhe" mit der beliebten Waldwirtschaft kauft, weil es ihn stört, dass man von dort auf seine Terrasse blicken kann, wird neuerlicher Protest laut, aber vergebens. Der reiche Neubürger lässt das Forsthaus abtragen, allerdings an der Wendelinuskapelle wieder aufbauen, um ein Sockelgeschoss erhöht. Bis 1930 dient es dem Förster, dann dem Jugendwerk des Bistums als „Wendelinusheim", bevor es 2015 in Privathand übergeht.

Die Freude des Schlossherrn hält nicht lange

Schloss Waldthausen wird 1910 nach zweijähriger Bauzeit eingeweiht.

vor, denn mit Beginn des 1. Weltkriegs zieht er mit Familie in die Schweiz und soll hernach sein Schloss nie mehr betreten haben, auch wenn er im Adressbuch 1926 geführt wird: „Waldthausen, von, M.W., Rentner, im Waldschloß an der Kreisstraße nach Heidesheim". Er stirbt 1928 mit 53 Jahren. Der Kaiser überlebt ihn um 13 Jahre.

Das Schloss selbst bleibt bis 1941 in Familienbesitz, wird an die NS-Volkswohlfahrt verkauft, bevor es die französischen Besatzer zur Residenz für General Koenig ausbauen. 1956 zieht die Bundesluftschutzschule ein, dazu nutzt die Bundeswehr das Gelände für ABC-Abwehrtruppen und ab den 80ern hat die Sparkassenakademie hier ihren Sitz. Seit ein paar Jahren steht das Schloss leer. Der Plan für eine Internationale Schule scheitert, nun ist von einer Klinik die Rede.

Als von Waldthausen das Forsthaus „Ludwigs-

Mehrbildkarte vom Lennebergwald, in der Mitte das Forsthaus Ludwigshöhe, das auf Wunsch des Schlossherrn abgerissen wird.

Das neue Forsthaus, späteres Wendelinusheim.

höhe" abreißen lässt, regt Allendorf den Bau einer anderen Waldgaststätte an, nun direkt am Lennebergturm. Dort entsteht die „Waldschänke" mit Biergarten, die in den 90ern abgerissen wird. Seit den 2000ern gibt es einen Neubau.

Die Waldschänke am Lennebergturm in den 50ern, davor ein Ford 17m „Gelsenkirchener Barock" (l.) und ein Opel Rekord P1 von 1957.

Das „Rotkäppchen" war ein beliebtes Ausflugslokal nahe der Straßengabel Gonsenheim, Budenheim, Heidesheim. In den 80ern war es ein Bordell.

In den 1960ern kommt bundesweit der Trend der Volkswandertage auf, Massenveranstaltungen mit teils Tausenden Wanderern, kein Wunder also, dass sich 1971 auch in Gonsenheim ein solcher Verein gründet: Der Volkssportverein Wanderfreunde Mainz. In seiner besten Zeit hat er 700 Mitglieder, veranstaltet Wandertage, dazu Volksradfahren und Volksschwimmen. Auch die Amerikaner sind begeistert, und 1976 gibt es eine zweitägige deutsch-amerikanische Freundschaftswanderung in Gonsenheim mit über 20000 Teilnehmern. Diese Zeiten sind vorbei, aber Hunderte Teilnehmer haben die Wanderungen noch und das Wanderheim von 1980 im Blockhausstil ist weiter ein beliebtes Lokal.

Für die Wanderer gibt es Wanderkarten, doch findet sich der Lennebergwald in den 1980ern noch auf ganz anderen Karten: in einem „Autobahnführer für Männer" oder einem „Stadtplan für Männer". Die führen zu einem Etablissement, das in den 80ern für viel Aufregung sorgt. Denn das vorm 1. Weltkrieg erbaute Ausflugslokal „Rotkäppchen" an der Straße nach Heidesheim ist ab 1980 ein Bordell und 1987/88 Gegenstand eines spektakulären Prozesses in Mainz.

Werbung für das „Clubhotel" Rotkäppchen.

Nun sind besagte Freier-Führer nicht jederManns Sache, und so führt das „Clubhotel Rotkäppchen" ein eher verschwiegenes Dasein, bis 1985 die Polizei das Bordell hochnimmt: Zuhälterei, Menschenhandel, Waffen und Drogen.

Beim sechsmonatigen Prozess gegen den Betreiber, seine Frau und eine Mitarbeiterin wecken vor allem pikante Details bundesweites Interesse. Da geht es um den Folterkeller „Schwarzes Studio" mit Domina und Sklaven, um Prominenz aus Wirtschaft, Politik und ZDF, aber auch um eine verschnarchte Kreisverwaltung, ein Leck bei der Polizei und um eine Reise des Gerichts zu einer Zeugin nach Paraguay. Der Hauptangeklagte erhält mehrere Jahre Haft, danach wirds ruhig ums „Rotkäppchen". Die Eigentümer wechseln, es wird viel geplant, aktuell Eigentumswohnungen. Ob es im Keller noch das „schwarze Studio" gibt?

Michael Bermeitinger

Der Autor dieses Buches wurde 1960 in Lörrach/Baden geboren, wuchs in Bonn auf und lebt seit 1974 in Mainz. Seit 1988 Redakteur der Allgemeinen Zeitung, ist er ab 2012 in der Lokalredaktion Mainz tätig, für die Bermeitinger unter anderem über die jüngere Geschichte der Stadt Mainz schreibt. Themen sind hierbei nicht die großen historischen Linien, sondern der Alltag der Menschen, die städtebauliche, architektonische und verkehrliche Entwicklung der Stadt. Im Magazin „Unsere Geschichte" der VRM beleuchtete er in einzelnen Ausgaben unter anderem die 1930er, 1950er, 1960er und 1970er Jahre in Mainz. – In den letzten Jahren hat Bermeitinger eine umfangreiche Sammlung Tausender alter Fotos und Ansichtskarten aufgebaut, die ergänzt wird durch Dokumente, die von Kofferaufklebern, Firmenbriefen und Speisekarten über Straßenbahnfahrpläne, alte Werbung und Lebensmittelkarten bis hin zu Fahrkarten und Fastnachtsprogrammen reicht. Quelle sind in aller Regel Internetauktionshäuser wie Ebay, aber auch der Johannis-Büchermarkt oder die Bücherstände beim Zitadellenfest. Die Idee zu den Stadtspaziergängen ist über Jahre gewachsen. Der Gedanke dabei war, dass Geschichte und Geschichten nicht immer nur ereignisbezogen zu Jahrestagen erzählt werden sollten, sondern aus der Perspektive des Alltags und der Stadtviertel. Was lag also näher, als Straße für Straße durch die Stadt zu spazieren und von all den großen und kleinen Ereignisse zu erzählen, von den besten Zeiten wie auch den dunklen Jahren. Mainz kann so schön sein, aber es hat auch Ecken, die wie eine einzige Narbe wirken. Zu verstehen, warum das so ist, dabei sollen die Stadtspaziergänge helfen, die seit September 2018 mit kurzen Unterbrechungen immer montags erscheinen.

Im November 2023 wird der Autor gleich zwei Mal für die „Stadtspaziergänge" ausgezeichnet. Mit dem „Mainzer Medienpreis" und mit dem „Deutschen Preis für Denkmalschutz - Medienpreis" des Deutschen Nationalkomitees für Denkmalschutz.

Literatur (allgemein):
Balzer, Wolfgang: Eine Stadt und ihr Militär, 25 Bde.
Dumont/Schütz/Scherf: Mainz. Die Geschichte der Stadt, Mainz 1998
Heuser, Rita: Namen der Mainzer Straßen und Örtlichkeiten, Stuttgart 2008
Leiwig, Heinz: Mainz 1933-1948, Mainz 1987
Leiwig, Heinz: Bomben auf Mainz, Mainz 1995
Neise, Harald: Mainz und seine Straßenbahn, Stuttgart/Mainz 1983
Röhrig, Reinhold: Die Mainzer Spitäler und Krankenhäuser
Kränke, Dieter: Kulturdenkmäler in Rheinland-Pfalz, Band 2.3: Mainz Vororte
Adressbücher: diverse Jahrgänge seit 1800
Reiseführer Baedeker, Woerl, Grieben, verschiedene Jahrgänge

Mombach:
Ludwig, Günter: Entwicklung und Struktur der Mainzer Vororte. Mombach und Weisenau – ein stadtgeographischer Vergleich; Mainz 1966
Mann/Auer: Späte Ehre - Franz Vlasdeck, Bildhauer, Bauunternehmer 1859-1933; Mombach 2007
Dr. Schalke, Peter: Geschichte der Holzverkohlungsindustrie und ihrer Chemie, Mainz 2020
Rüstiger, Schier, Koch: Hundert Jahre Mombacher Carneval Verein 1886-1986; Mainz 1986
Schier, Heinz: Mombach im Wandel der Zeit
Schier, Heinz: Mombacher Ortsgeschichte 1641-1896; Mainz 1999
Schier, Heinz: Bei uns dehaam und annerswo
Schier, Heinz: Mombach zwischen 1896 und 1914; Mainz 1996
Buckelt, Julius: Malaula - Der Kampfruf meiner Staffel, Berlin 1939
Van Wyngarden, Greg: Aces of Jagdstaffel 17; Oxford 2013
750 Jahre Mombach - Stadtteil mit Herz; Mainz 2006

Gonsenheim:
Bonewitz, Herbert: Ein Narr packt aus, Mainz 2011
Hartmann, Alfred: Badereise durch fünf Jahrtausende; Mainz 2015
Krawietz, Peter: Gonsenheiemr Geschichte und Geschichten; Mainz 1986
Müller, Hermann-Dieter: Was Sie schon immer über Gonsenheim wissen wollten; Ingelheim 2011
Schäfer, Heinrich: Gonsenheim und Bretzenheim - ein stadtgeographischer Vergleich; Bad Godesberg 1968
Schulz-Parthu, Angelika: Gonsenheimer Fotos. Die 50er Jahre; Ingelheim 2001
Stadtteiltreff Gonsenheim: Auf Sand gebaut - Dossier zum Gebiet der heutigen ESA-Brandström-Straße; Mainz 2023
Inst. f. geschichtl. Landeskunde: Gonsenheimer Erinnerungen - jüdische Nachbarinnen und Nachbarn zwischen Integration und Ausgrenzung; Mainz 2018
Gonsenheimer Jahrbücher, 30 Jahrgänge 1993 - 2023

Periodika:
Mainzer Anzeiger / Allgemeine Zeitung, verschiedene Jahrgänge
Mainz Vierteljahreshefte für Kultur, Politik, Wirtschaft, Geschichte ab 1981
Das neue Mainz, Städtisches Presseamt: 1953-1973
Mainz-Magazin: 1974-1975
Unsere Geschichte, Hefte 1-6, VRM, Mainz 2015-2018
Die Elektrisch, diverse Jahrgänge